新版K式発達検査の精密化に関する発達心理学的研究

大谷 多加志 著

風間書房

目　次

第Ⅰ部　本研究の目的と意義……………………………………………1

第1章　序論………………………………………………………………3
- 第1節　はじめに………………………………………………………3
- 第2節　本書の構成……………………………………………………4

第2章　発達評価に関する研究…………………………………………6
- 第1節　発達評価法に関する先行研究………………………………6
- 第2節　新版K式発達検査に関する先行研究………………………9

第3章　本研究の目的……………………………………………………18
- 第1節　本研究における検討事項……………………………………18
- 第2節　先行研究における課題と本研究の目的……………………18

第Ⅱ部　新版K式発達検査の精密化に関する発達心理学的研究…25

第4章　既存の検査項目に関する検討…………………………………27
- 第1節　「語の定義」の下位項目の適切性（研究1）………………27
- 第2節　「名詞列挙」の下位項目の適切性（研究2）………………44

第5章　新しい検査項目に関する検討…………………………………63
- 第1節　発達評価におけるふり遊び課題および物の手渡し課題の有用性（研究3）……………………………………………………63
- 第2節　発達評価におけるじゃんけん課題の有用性（研究4）……88
- 第3節　発達評価における絵並べ課題の有用性（研究5）…………111

第Ⅲ部　本研究の成果と意義……………………………………………135

第6章　各研究のまとめと研究結果に基づく発達評価モデル……………137
　第1節　各研究のまとめと研究結果……………………………………137
　第2節　乳幼児期における発達評価モデルの提案……………………140

第7章　発達アセスメントにおける新版K式発達検査の役割と今後の課題
　……………………………………………………………………………147
　第1節　知的発達水準の評価と発達特性の評価………………………147
　第2節　今後の課題………………………………………………………150

引用文献……………………………………………………………………155
補記…………………………………………………………………………167
謝辞…………………………………………………………………………169

第Ⅰ部　本研究の目的と意義

第1章　序論

第1節　はじめに

　人間は誰しも、生まれてから死を迎えるまで発達していく。一方で、発達の進み方には個人差がある（Gesell & Amatruda, 1941　佐野・新井訳 1958）。例えば歩行であれば、1歳前から歩き始める子どももいれば、1歳半頃になって歩き始める子どももいる（前川, 1974）。さらに、発達の進み方が平均から大きくかい離すると、生活上で何らかの支障が生じたり、周囲からの配慮が必要な状態となる場合もある（Gesell & Amatruda, 1941　佐野・新井訳 1958）。このように配慮を要する子どもに対しては、適切な支援を行うことが重要であるが、その前提として対象児の発達状態を的確に把握し、評価しておくことが必要である。このような場面で用いられる発達評価の手段の一つが発達検査であり、発達検査は発達支援の現場において欠かすことができないものとなっている。近年では、とくに教育や療育、保育の現場で、発達評価の重要性が認識されるようになり、発達検査への社会的な要請と期待はこれまで以上に高まってきている（E. ショプラー・茨城, 2007；村上・伊藤・行廣・谷・平島・安永, 2013；権・中山, 2016）。

　本研究は、「新版K式発達検査」について、その改訂版を作成することを念頭に、検査の精密化について検討するものである。新版K式発達検査は、国内において最もよく用いられている発達検査の一つであり（吉村・大西・惠良・小橋川・広瀬・大六, 2016）、主として乳幼児期から学童期の子どもの発達評価に利用される場合が多い（氏原・成瀬, 2000）。そのため、本研究では新版K式発達検査の精密化について、乳幼児期の子どもを対象とした検査内

容に焦点を当て、既存の検査項目の下位項目についての検討と、新しい検査項目の設定という観点から検討した。既存の検査項目の内容を時代に合わせて修正し、基準を明確化することで、より精度の高い発達評価が可能になり、新しい検査項目を追加することによってより多面的で詳細な発達評価が可能になることが期待され、新版K式発達検査の精密化につながるものと考えられる。

　そこで第Ⅰ部では、まず新版K式発達検査の精密化に関連する検討事項について整理するため、発達検査の成り立ちと発展について振り返り、現代の発達検査全般に共通する課題や検討事項について整理を行う。次に、時代の移り変わりに伴う、発達評価法に対する社会的な要請の変遷について、社会施策との関連にも触れながら説明する。最後に新版K式発達検査の成り立ちから、その後の発展と課題について整理し、新版K式発達検査の精密化の必要性と検討の方向性を明らかにする。

第2節　本書の構成

　本書の構成は以下の通りである。
　第Ⅰ部では、子どもの知的発達の評価に関する先行研究を概観し、さまざまな発達評価法の開発と発展の経緯を踏まえ、本研究の目的を明らかにした。
　第Ⅱ部では、新版K式発達検査の精密化を行うため、既存の検査項目の適切性と、新しい検査項目の有用性という観点から検討を行った。
　第4章では新版K式発達検査の既存の検査項目について、その下位項目の適切性を検討した。第1節では新版K式発達検査における語定義課題である「語の定義」、第2節ではカテゴリー連想課題の一種である「名詞列挙」を対象に、課題に用いる語（下位項目）の適切性について、主として現在の社会環境に適合しているかどうかという観点から検討した。また、反応内容を分析し評価基準を再検討することで、発達評価の精度の向上を試みた。

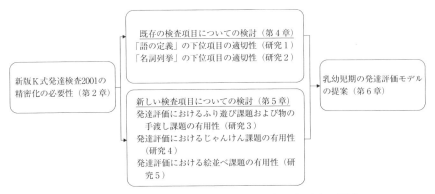

Figure 1-2-1　新版K式発達検査の精密化と各研究の関連

　第5章では、新版K式発達検査に新しい検査項目を設定することが可能かどうかを検討した。相対的に検査項目の数が少ない領域と年齢区分を中心に、検査項目を新たに設定することで、より精密な発達評価が行えるものと考えられる。乳児期に適用できる「ふり遊び」課題および「物の手渡し」課題、幼児期に適用できる「じゃんけん」課題、「絵並べ」課題を用い、それぞれの課題の発達評価における有用性について検討した。なお、新版K式発達検査の精密化と各研究の関連はFigure 1-2-1に示した通りである。

　第Ⅲ部では、各研究の結果と先行研究を総合的に分析することを通して本研究の成果と意義について考察し、乳幼児期の発達評価のモデルを提案した。

第2章　発達評価に関する研究

第1節　発達評価法に関する先行研究

　ここでは新版K式発達検査の精密化の必要性を明らかにするため、さまざまな発達評価法の成り立ちとその後の展開を振り返り、今日の発達評価に対する社会的な要請や検討すべき課題について整理する。

1．知能検査の成り立ち

　世界で最初に作られた知能検査は、フランスのビネーの知能検査（Binet & Simon, 1905）である。その後、目的に応じて分化し、さまざまな知能検査へと発展していったわけであるが、源流であるビネーの知能検査の公刊から数えても、知能検査は生まれてからまだ110年ほどを経過したところである。

　ビネーの知能検査が開発される以前から、知能や個人差の研究自体は行われていた（Cattell, 1890；Galton, 1869；岡本, 1987）。一方で、ビネーの知能検査は、純粋な知能研究とは異なり、当時の社会的状況と、それに伴う社会的な要請の影響を受けて開発されたものと考えられる。1800年代後半は、ヨーロッパ先進国において無償初等教育が開始された時期にあたる。当時の公教育の中では、学校教育についていけない、学業不振の子どもが社会的な課題として注目されるようになっていた（Wolf, 1973　宇津木訳 1979）。当初、これらの子どもたちの学業不振は、学業に対する意志や意欲の不足などの要因によるものだと考えられていた。しかし、ビネーは学業不振を子どもたちの知的能力と関係しているものと考え、子どもの知的能力の程度を評価するための手段として知能検査という方法を提案したのである（生澤, 1988）。ビネー

の知能検査はその後1908年版が発行され、「精神水準」という概念が初めて取り入れられた（Binet & Simon, 1908）。現在の「年齢尺度」や「発達年齢」の考え方のもとになったものであり、その後の知能検査や発達評価法の発展に大きな影響を与えた概念であると言える。

2．ビネー式知能検査とウェクスラー式知能検査

ビネーの知能検査が開発された後、知能検査はビネー式の知能検査とウェクスラー式知能検査という二つの大きな流れの中で発展していくこととなった（大川・中村・野原・芹澤, 2003）。ビネー式の知能検査は対象者の知的発達の水準を評価することを目的としていた。それに対して WAIS や WISC などのウェクスラー式知能検査においては、知能は「目的的に行動し、合理的に思考し、能率的にその環境を処理しうる総合的・全体的能力」と定義され、人の情報処理過程に注目した分析が採用されるようになった（上野・海津・服部, 2005）。さまざまな知的能力について群指数に分けて評価し、群指数間の有意差の検討やプロフィール分析を行うことが可能であり、情報処理過程の個人内差に着目した尺度であると言える。また、1983年に発行された K-ABC（Kaufman Assessment Battery for Children）も個人の情報処理過程に着目した検査であるが、その中でもとくに同時処理と継時処理の個人内差に注目した尺度となっていることが特徴である（Kaufman, A. S., & Kaufman, N. L., 1983；Kaufman, A. S., & Kaufman, N. L., 2004）。

このように知能検査は評価しようとする知的発達の側面に応じて、検査内容や手法が個別化、細分化されていくという経過をたどることとなった。

3．知能検査と社会状況

ビネーの知能検査が公教育の開始という社会的状況との関連の中で開発されたことは前述した通りであるが、その後も知能検査はさまざまな社会的状況の影響を受けながら発展してきた。

その一つが、時代の経過にともなう社会環境の変化の影響である。一般に心理検査は一定の期間のうちに改訂を行うことが求められる（日本テスト学会, 2007）。それは、検査の内容や標準化作業で得られた基準が、作成後の時間経過にともなって、時代や社会環境にそぐわなくなる場合があるためである。例えば、ビネーの知能検査において、身近な物の用途を回答することが求められる課題があるが、どのような物が身近にあり、どのような用途で用いられるかは文化や時代によってさまざまである。つまり、対象者の知的発達を適切に評価するためには、検査内容を時代や文化に合わせたものにする必要がある。そのため、Terman（1916）がアメリカにおいてビネーの方法論を取り入れた際も、アメリカ国内で独自に標準化を行った上でStanford-Binet Intelligence Scaleを開発し、その後も時代の変化に対応するための改訂作業が重ねられてきた（Roid, 2003；Terman & Merrill, 1937；Terman & Merill, 1960；Thorndike, Hagen, & Saltler, 1986）。

　もう一つは、先に述べた「公教育の開始」のような社会的な状況の変化の影響を受けていることが挙げられる。Boake（2002）は、ウェクスラー式知能検査の各下位検査の開発について、とくに非言語的な検査課題は、第一次世界大戦という当時の社会状況との関連の中で作成されたことを指摘している。つまり、軍隊における適性試験を行うにあたり、さまざまな文化的背景や使用言語を持つ対象者の知的能力を適切に評価する手法として、非言語的な検査課題が求められたということである。

　このように、知能検査はその時々の社会状況や、検査に対する社会の要請と密接に関連しながら発展してきたと言える。

4．社会性の評価尺度

　知的検査が知的障害の診断等にも活用されるようになり、それにともなって生じてきたのが、対象者の社会適応や行動上の困難の程度を評価したいというニーズである（Doll, 1953）。知的障害の診断や児童相談所の療育手帳の

判定においても、知的水準だけでなく日常生活上の適応状態も合わせた総合的な判断がなされている（American Psychiatric Association, 2013　髙橋・大野監訳 2014；緒方, 2006）。知的障害は生活上の困難とも結びつきやすいが、一方で知的水準が高ければ適応がよく、知的水準が低ければ適応が困難であるとは必ずしも言えない。また、日常生活や支援の現場においては、知的発達の水準自体よりも、それにともなって生じる行動上の問題に焦点があたることが多く、行動面や生活上の適応状態を評価したいというニーズが高まってきたことも必然的なことであると言える。社会性の評価尺度として、日本においては、ヴァインランド適応行動尺度（Sparrow, Cicchetti, & Balla, 2005　黒田・伊藤・萩原・染木監訳 2014）や新版S-M社会能力検査（旭出学園教育研究所・日本心理適性研究所, 1980）などが広く活用されている。とりわけ、2005年の発達障害者支援法の施行や2007年の特別支援教育の開始以来、発達障害児者支援という視点とも関連して、対象者の対人面、社会面、行動面での困難の程度について評価しておきたいというニーズはさらに高まってきているものと考えられる。

　このような知能検査の研究と発展の経過の中で、発達評価尺度として開発されたのが新版K式発達検査である。次節では、新版K式発達検査の成り立ちから、検査の目的や特色を確認するとともに、その後の研究経過を振り返ることで、新版K式発達検査の精密化を行う必要性について明らかにする。

第2節　新版K式発達検査に関する先行研究

1．新版K式発達検査の成り立ち

　K式発達検査の前身にあたるのが、京都市児童院（現在の京都市児童福祉センター）で使用されていた3種類の検査である。満1歳までの乳児を対象とした尺度であるKJ式乳幼児発達検査、満1歳から就学期までの子どもを対象としたK式乳幼児発達検査（京都市児童院指導部, 1962）、2歳6か月から14

歳超までの子どもに適用できる京都ビネー個別知能検査（京都市児童相談所, 1975）があり、院内検査として使用されていた。これらの検査においては、ビネーの知能検査のほか、ゲゼルの発達診断（Gesell & Amatruda, 1941　佐野・新井訳 1978）やウズギリスとハントの発達検査（Uzgiris & Hunt, 1975　白瀧・黒田訳 1983）などからさまざまな検査項目が採用されていた。当初は院内検査として京都市児童院でのみ使用されていたが、他機関においても使用したいという要望が高まり、公刊の必要性が生じてきた。そのため、これらの3種類の検査を統合して標準化が行われ、1980年に新版K式発達検査として公刊された。その後、1983年の新版K式発達検査増補版を経て、現在は新版K式発達検査2001が最新版として使用されている。

　これらの院内検査が開発され、新版K式発達検査へと発展してきた背景には、当時の社会施策が深く関係している。一つは1973年に療育手帳制度が開始されたこと、もう一つは1977年から1歳6か月児健康診査制度が開始されたこと、さらに1979年の養護学校（現在の特別支援学校）教育義務制が実施されたことである。

　養護学校が整備されたことにともなって対象児にどのような教育の場が最も適しているかを判断する必要が生じ、例えば京都市では1972年に適正就学指導委員会が教育委員会の中に設置された。この中で、対象児の発達状態を評価するためにさまざまな発達検査が用いられたが、多くの検査では評価可能な年齢や発達状態に上限・下限が設定されていたため、対象者の年齢や発達状態によっては適切な評価が行えない場合もあった（松下・生澤, 2003）。乳幼児健診においても対象となる月齢の範囲が徐々に拡大し、0歳児も対象とされるようになったため、より低年齢から発達評価が可能な尺度が求められていたと言える。また、療育手帳制度では、手帳の更新等において定期的な評価を行う必要があったが、ほとんどの検査は適用年齢が限定されていたため、子どもの年齢に合わせて用いる検査を変更せざるを得なかった。しかしながら、使用する検査を変更した場合、前回からの発達的な変化が捉えに

くいという臨床的な問題と、用いる検査によって結果にかなりの差が生じることがあるという数値面での問題があった（松下・生澤，2003）。

このような社会的な背景の中、より低年齢から一貫して使用可能な尺度が必要とされたことから、新版K式発達検査が作成され、発展してきたのである。

2．新版K式発達検査の目的と特色

新版K式発達検査は一貫した発達評価を行うために作成されたものであり、その検査内容はさまざまな先行研究の知見に基づいて作成されている。そのため、特定の発達理論に基づいて検査全体が構成されているわけではない（松下，2012）。

評価する側面（領域）は、姿勢運動領域（Position-Motor Area：P-M）、認知適応領域（Cognitive-Adaptive Area：C-A）、言語社会領域（Language-Social Area：L-S）の3領域である。それぞれの領域について、検査結果として得点が算出され、得点は発達年齢に換算される。発達年齢を生活年齢（実年齢）で割って100をかけたものが「発達指数」であり、発達水準を示す指標の一つとして利用されている。評価する発達の領域については、さらに細分化することも検討されたものの、一定の限界があると考えられている（生澤・松下・中瀬，1985）。検査場面について「構造化された観察場面」（生澤，1996，p.73）と述べているように、臨床的な行動観察に重きをおいた検査であると言える。

臨床的な知見が蓄積されていく中で、より評価基準を明確化し検査者の評価精度を向上させるために「反応実例集」（中瀬・西尾，2001；新版K式発達検査2001臨床的適用の諸問題編集委員会，2005）が整備された。さらに、反応実例に基づく、各検査項目における発達評価の視点についても整理と検討が重ねられている（西尾，2005；松下・岩知道，2005；岩知道・大谷，2012）。

また、新版K式発達検査は1歳以上の対象者に実施する際には、検査項目

の実施順が決まっていないという特徴がある。そのため、検査全体の流れをどう組み立てていくかというところから検査者に判断が委ねられており、自由度が高く子どもに合わせて実施できるという利点がある一方で、検査者は検査実施の段階から高度な経験と知識を求められる。そのため、検査の実施から発達の見立て、保護者や関係者への助言に至るまでの発達相談のプロセス全体について、検査者側の臨床的知見も蓄積されていった（川畑・菅野・大島・宮井・笹川・梁川・伏見・衣斐，2005；大島・川畑・伏見・笹川・梁川・衣斐・菅野・宮井・大谷・井口・長嶋，2013）。とりわけ、近年になり支援の必要性が広く認識されるようになった発達障害児者への支援を念頭に、検査をどう活用するかという点についても、検査利用者の関心は非常に高まっており、「K式結果分析表」（礒部，2013；礒部，2017）のように、検査の結果から発達障害の特性をくみ取っていくための工夫も行われている。

　また、検査結果の伝達や助言は、保護者だけでなく、教育や保育などの関係者を対象に行われる場合もある。助言を受け取る側が検査についてどのような知識や認識を持っているのかということを検査者が十分理解しておくことも肝要であり、原口・大谷（2016）は保育園の保育士を対象としたインタビュー調査を行っている。

　一方で、現場で蓄積される知見には誤解が含まれている場合もある。例えば、一見すると何らかの障害特性から生じていると解釈されるような反応であっても、当該課題が通過できるようになる年齢より低年齢の子どもの反応として一般的にみられるものも少なくない（大谷，2017）。そのため、標準化資料を用いて検査項目ごとに詳細な反応分析を行うなど、検査の解釈の基盤となる基礎資料を整理しておくことも非常に重要である。このような基礎的分析をすべての検査項目について実施するのは困難であるが、「絵の叙述」（中瀬，1985）、「財布探し」（中瀬，1986）、「了解」（中瀬，1988）、「数の復唱」（中瀬，1990）、「人物完成」（大谷，2015）など、主として子どもの反応が多様で複雑な検査項目について、反応実例の詳細な分析が行われている。

3. さまざまな現場における新版K式発達検査の活用

　新版K式発達検査が活用されている分野は、医療、福祉、教育、保健、療育など、多岐にわたる。福祉の分野においては、療育手帳や知的障害者手帳の交付業務において、新版K式発達検査が利用されている。1973年の厚生省発児第156号厚生事務次官通知により療育手帳制度が開始されたことにともなって、手帳交付の適否を判断する基準の一つとして発達検査や知能検査が利用されるようになった。吉村・大西・惠良・小橋川・広瀬・大六（2016）によると、療育手帳の判定に新版K式発達検査が使用される割合は22.6%であり、これは田中ビネー知能検査に次いで2番目に割合が大きい（Table 2-2-1）。このことから、新版K式発達検査は療育手帳の判定業務における主要な検査の一つであると言えるであろう。

　さらに、保健の領域においては、乳幼児健康診査（以後、一般的に用いられる名称として、乳幼児健診と表記する）の発達スクリーニングや、フォローアップでの精密健診において新版K式発達検査が活用されている。乳幼児健診は、母子保健法第12条（厚生省，1965）により、1歳半を超え2歳未満の幼児、および3歳を超え4歳未満の幼児を対象に、市町村が実施することが定められている。Table 2-2-2に示した通り、乳幼児健診の目的は社会環境や施策

Table 2-2-1　療育手帳に使用される検査の割合（吉村・大西・惠良・小橋川・広瀬・大六，2016）

検査名	使用割合（全国）
田中ビネー知能検査	51.9%
鈴木ビネー知能検査	7.3%
K式発達検査	22.6%
ウェクスラー式知能検査	6.5%
遠城寺式乳幼児分析的発達検査	9.5%
その他	2.2%

Table 2-2-2　母子保健、児童福祉施策の流れと健診の目的の移り変わり

芦澤（2003）を一部改変

	母子保健や児童福祉に関する施策	健診で重視される内容
1940年	乳幼児の健康診査や保健指導の全国実施	衛生・栄養・疾病予防と治療
1947年	児童福祉法公布	
1961年	3歳児健康診査（国）、新生児訪問指導	
1977年	1歳6か月児健康診査（地方自治体）	
1987年	1歳6か月児精密健康診査	発達・教育・障害の早期発見と予防
1990年	3歳児健康診査に視聴覚検査導入	
1997年	母子保健法改正　乳幼児健診を一括して地方自治体に移管	
2000年	児童虐待防止法	児童虐待の早期発見と予防
2001年	「健やか親子21」発表	子どもの心の発達と育児支援
2005年	発達障害者支援法	発達障害の早期発見と支援
2012年	新子ども三法	

とも関連しながら変化してきているが（芦澤，2003）、近年では受診した子どもに発達上の課題がある場合、それを発見し適切なフォローにつなげることが重要な役割となっている。

　発達スクリーニングとは、受診者の中からフォローが必要な子どもを見つけるための簡便な発達評価法のことである。新版K式発達検査の一部の検査項目を抽出して発達スクリーニングを実施している市町村もあり、1歳6か月児健診では「積木の塔」や「絵指示」、3歳児健診では「トラックの模倣」や「大小比較」、「長短比較」等の検査項目が用いられている（木村，2009）。発達スクリーニングにおいては、75％の子どもがその課題に通過する年齢（75％通過年齢）あるいは90％の子どもがその課題に通過する年齢（90％通過年齢）を参考にしてこれらの検査項目が選択されている。つまり、一つ一つの項目では10〜25％程度の割合で通過しない子どもがいることになる。そのため、発達スクリーニングではこれらの項目を組み合わせ、一定数以上の項目

Table 2-2-3　乳幼児健診における発達スクリーニングの適否

		実際の子どもの状態	
		要フォロー	フォロー不要
スクリーニングの評価	要フォロー	○適切	△不要な精密健診の実施
	フォロー不要	×要フォロー児の見落とし	○適切

が不通過であった場合、精密健診の必要があると判断されるように基準が設定されている。Table 2-2-3に示したように、発達スクリーニングでは、フォローアップが必要な子どもを適切に発見することが求められている。新版K式発達検査の検査項目が発達スクリーニングに活用されているのは、幅広い年齢の対象児に実施可能であり、多種多様な課題が含まれていることも理由の一つであると思われる。

　しかし、一部の検査項目は、発達スクリーニングに用いるには不適当と思われるものもある。例えば「絵指示」は、50%通過年齢が1歳7.1か月、75%通過年齢は1歳9.9か月であり（生澤・大久保, 2003）、1歳6か月児健診の発達スクリーニングに用いるには難易度が高い検査項目である。新版K式発達検査の「絵指示」では六つの絵のうち四つ以上正しく指せることで通過と判断しているところを、発達スクリーニングでは一つでも正しく指せればよいと基準を修正するなど、難易度を調整するための工夫も見られるが、既存の検査項目を用いる中では工夫の余地も限られる。そのため、本研究では、新版K式発達検査の精密化について、発達スクリーニングなど、乳幼児健診における活用も念頭におきながら検討していくこととする。

4．改訂の経過と必要性

　新版K式発達検査は、1980年の公刊以降、1983年に増補版が発行され、2002年には新版K式発達検査2001に改訂されるなど、時代に合わせて少しずつ検査内容の修正を繰り返してきた。改訂の主な目的としては、①標準化デ

ータを刷新し尺度を作成し直すこと、②検査内容を時代に合ったものに改めること、③検査内容のさらなる充実を図り検査の精度を向上させること、の3点が挙げられる。

　①の標準化データの刷新は、改訂の第一の目的である。新版K式発達検査の検査内容の大半は、これまでの改訂作業を経た中でも、ほとんど変更なく用いられており、中にはビネーの知能検査から現在まで継続して用いられているものも少なくない。一方で、一部の検査項目では、改訂の前後で、課題が達成可能になる年齢（通過年齢）が変動していた（生澤・大久保, 2003）。通過年齢がとくに大きく変化していたのは、描画や折紙など、手作業を必要とする検査項目であり、全般に通過年齢が遅くなっていた（郷間・大谷・大久保, 2008；大谷・郷間, 2008）。これらの通過年齢の変動がなぜ生じているかということについては引き続き検討が必要であるが、子どもの発達像や生活環境の変化などさまざまな要因が複合的に関係しているものと考えられる（郷間・大谷・牛山・小谷・落合・池田, 2013）。

　②の検査内容の修正については、これまでの改訂においても図版や教示の修正や、検査項目の下位項目の変更などが行われてきた（松下・生澤, 2003）。例えば2001版への改訂の際には「絵の名称」の図版が変更された。増補版の「絵の名称」では、赤いダイヤル式の公衆電話の絵が用いられていたが、公衆電話の設置が少なくなったり、利用状況が変化したりしたため、2001版では電話を用いた図版は削除され、「メガネ」が代替項目として追加された。

　③の検査内容の充実に関しては、新版K式発達検査増補版から新版K式発達検査2001への改訂では、適用年齢の拡張が優先的な目的であったため、主に成人級の検査項目が追加された。幼児期については、「表情理解」等が新しく採用されたが、削除された「美の比較」の代替項目という意味合いが強かった。そのため、乳幼児期の検査項目については、認知・適応領域の検査項目と比べて言語・社会領域の検査項目が相対的に少ないという状況が続いており、新たな検査項目の設定など、何らかの対応が必要であると考えられ

る（松下・生澤，2003）。検査項目を新しく加えることは、検査の所要時間や実施の容易さ、評価基準の明確さなどいくつもの条件を満たす必要があり必ずしも容易ではないが、多面的かつ精密な発達評価を行うため、取り組むべき課題である。

　これまでの新版K式発達検査に関する先行研究を踏まえて、新版K式発達検査の精密化の必要性について整理すると、大別して以下の二つの観点がある。

　一つは、新しい検査項目を設置することによる評価の観点の充実および、精度の向上である。とりわけ、現在用いられている新版K式発達検査2001において相対的に検査項目が少ない部分について新たな検査項目を設置することができれば、より効果的に検査の精密化を図ることができるものと考えられる。

　もう一つは、既存の検査項目の内容や評価基準について検討し、発達評価の視点をより明確化することである。心理検査については、検査者によって対象者の反応に対する評価が異なるという評定者間誤差が問題となる場合があるが（Slate & Chick, 1989）、評価基準の明確化はこの誤差が生じるリスクを低減させるために重要であり、検査の精度の向上にも寄与するものと考えられる。

　以上の点を踏まえて、本研究では新版K式発達検査の精密化に関して、新しい検査項目の設置と既存の検査項目の内容や評価基準の明確化という二つの観点から検討していくものとする。

第3章　本研究の目的

第1節　本研究における検討事項

　本研究は新版K式発達検査の精密化を目的としたものである。そのために既存の検査項目の適切性についての検討と、新しい検査項目の有用性についての検討を行う。既存の検査項目としては、語定義課題の一種である「語の定義」、およびカテゴリー連想課題の一種である「名詞列挙」を取りあげる。新しい検査項目としては、ふり遊びの観点から象徴機能の発達について評価する「慣用操作」と「人形遊び」、物の手渡し課題である「指示理解」、じゃんけんの理解について評価する「じゃんけん」課題、絵画配列課題である「絵並べ」課題の五つを取りあげる。これらの検査項目は乳幼児期から学童期初期にかけて、主として言語社会領域の発達について評価しようとするものであり、これらの検査項目についての検討は、乳幼児期の言語および社会性の発達の諸相について解明する上でも意義があると考えられる。

第2節　先行研究における課題と本研究の目的

1．既存の検査項目についての検討
（1）「語の定義」
　語定義課題とは特定の語について定義づけを求め、その説明の水準によって対象者の発達を評価しようとする課題である。新版K式発達検査の「語の定義」は語定義課題の一種であり、幼児期の子どもを対象に、身近にある物について定義づけを求める課題となっている。語定義課題は、ビネーの知能

検査の「定義」やウェクスラー式知能検査の「単語」など、さまざまな検査で広く用いられており、対象者の知的発達の水準を評価するための有用な課題であると言える。評価の基準は、用いる語（下位項目）や検査によってさまざまであるが、身近な具体物についての語定義課題においては「用途」に関する説明がなされるかどうかが、重要なポイントとなっている。しかしながら、時代によってどのような物が身近にあり、どのように用いられるかは異なる。そのため、語定義課題においては、その時々の社会環境に合った下位項目を用いることが非常に重要である。新版K式発達検査では、増補版から2001版への改訂の際に下位項目の変更が行われている（松下・生澤, 2003）。具体的には「馬」、「ストーブ」の下位項目が削除され、「電話」が追加された。「馬」は、以前は使役動物として身近に存在し、荷車を引く等の役割を果たしていたが、今は一般的な社会環境ではそのような姿は見られなくなった。また「ストーブ」に関しても、以前はいわゆるダルマストーブが一般的であったが、現在では暖房機器が多様化しており、ストーブ自体の形状もさまざまである。以上の点から「馬」と「ストーブ」は「語の定義」の下位項目としてはそぐわないと判断され、「電話」に変更された。しかしながら、現在は「電話」が非常に多機能化、多様化しているという問題が生じている。そこで本研究では「電話」に替わる下位項目の候補を選出し、その適切性を検討した。

（2）「名詞列挙」

「名詞列挙」とは、呈示されたカテゴリー語に対してそのカテゴリーに属すると思われる語をできるだけたくさん産出するという、カテゴリー連想課題の一種である。新版K式発達検査2001においては、「鳥」、「果物」、「獣、動物」というカテゴリー語（下位項目）が用いられている。「獣、動物」という下位項目はK式乳幼児発達検査から用いられている（京都市児童院指導部, 1962）。K式乳幼児発達検査が作成された際、鈴木ビネー知能検査で用いら

れていた「獣」という語が当時の子どもにとって理解しにくい語になっていたことから、「獣、動物」という二重の教示が採用されるようになり、その後新版Ｋ式発達検査へと引き継がれた（嶋津・生澤・中瀬，1980）。しかしながら、「動物」は、「獣」や「鳥」の上位カテゴリーにあたる語でもあるため、子どもの反応の評価をする際に、齟齬が生じる事態となっている。例えば、「獣、動物」に属する語の産出を求めた際に、鳥類に該当する反応（ペンギン、ダチョウ、ニワトリ等）が見られたり、「獣」には該当しない動物名（ワニ、ヒト等）に関する反応が見られたりする場合がある。そのため、本研究では、「動物」の下位項目の適切性を検討するとともに、代替可能な下位項目の選出と適切性の検討も併せて行った。

2．新しい検査項目についての検討
（1）ふり遊び課題

ふり遊びの基盤となる象徴機能は、言語機能とも密接に関連している（村井，1987）。そのため、象徴機能の発達を評価することは、言語獲得の基盤が備わってきているかどうかを知る上で非常に有用であると考えられる。本研究ではMcCune（1981）の象徴機能の水準に基づき、「慣用操作」と「人形遊び」という2種類のふり遊び課題を作成し、乳児期の子どもを対象とした検査項目としての利用可能性について検討を行った。

（2）物の手渡し課題

初期の言語理解や言語表出は、まずは具体物を対象とした場面における理解や表出が先行し、次第に絵や写真に対しても可能になっていくとされている（小山，2002）。新版Ｋ式発達検査においては、具体物の絵が描かれた図版を用いた「絵指示」や「絵の名称」などの検査項目が採用されているが、具体物そのものを用いて言語理解を評価する課題は設定されていない。そこで、具体物を使い、検査者の問いに対して指さしまたは手渡しによって反応でき

るかどうかを観察する「指示理解」課題を作成した。この課題を取り入れることにより、初期の言語理解について、具体物を用いた課題（「指示理解」）から図版を用いた課題（「絵指示」）へと段階的に評価することが可能になるものと想定される。

（3）じゃんけん課題

じゃんけんは子どもにとって非常に身近な遊びであり、また他者との意思調整にも用いられる重要な社会スキルの一つである（二川・高山，2013）。また、5歳児健診における問診項目にもじゃんけんの理解に関する項目が採用されており（小枝，2008）、じゃんけんの理解について評価することで、発達障害の早期発見につながる可能性も期待されている。一方で、じゃんけんの理解について構造的な手順で評価する方法はまだ確立されていない。例えば、問診によってじゃんけんの理解を評価する場合があるが、評価者がどのような状態像をもって「じゃんけんを理解している」と評価したかが曖昧である。そこで本研究では構造的な手順をもつ3種類の「じゃんけん」課題を作成し、じゃんけんの理解について段階的に評価することを試みた。

（4）絵並べ課題

絵並べ課題（Picture Sequencing Task）はウェクスラー式知能検査の「絵画配列」やさまざまな発達研究において広く用いられてきた。しかしながら、絵画配列が系列化の能力や社会的能力を測定しているという研究成果がないため（Prifitera, Saklofske, & Weiss, 2005　上野・バーンズ亀山訳 2012）、ウェクスラー式の知能検査では、最新版であるWISC-Ⅳにおいては「絵画配列」は下位検査から削除されている。一方で、絵並べ課題が臨床的に有用であるという意見は根強い。本研究では絵並べ課題のストーリーに注目し、どのようなストーリーの課題を用いるかという点を精査することで、発達評価において有効に活用できるのではないかと考えた。Baron-Cohen, Leslie, & Frith

(1986)が用いた絵並べ課題を参考に、四つの下位課題からなる絵並べ課題を独自に作成し、その有用性について検討した。

3．本研究の目的

本研究では、既存の検査項目の下位項目の適切性についての検討および新しい検査項目の有用性についての検討という二つの観点から、新版K式発達検査の精密化を図っていくものとする。

各研究の目的、参加者、課題の概要をTable 3-2-1に示す。各研究における参加者は同種の検査を受検した経験のない子どもであり、五つの研究における延べ人数は2242名であった。

なお、引用論文については各研究における初出時は原則として全著者名を示した。

Table 3-2-1　各研究の目的と参加者および用いた課題

	研究	目的	参加者	課題
既存の検査項目についての検討	研究1	「語の定義」の下位項目の適切性 「語の定義」の下位項目のうち、時代に合わなくなったと思われる下位項目（「電話」）に替わる下位項目の選定と、その適切性の検討を行った。	3歳6か月超から6歳6か月の幼児351名	「語の定義」 (1)机　　(2)鉛筆 (3)電車　(4)人形 (5)手紙　(6)鏡
	研究2 研究2-1	「名詞列挙」の下位項目の適切性 「名詞列挙」を集団式で実施し、下位項目のうち、時代に合わなくなったと思われる「動物」の適切性を検討するとともに、代替となる下位項目の選定と、その適切性の検討を行った。	小学校1年生から6年生までの学童児594名	「名詞列挙」 (1)魚　　(2)動物 (3)果物　(4)野菜 (5)花
	研究2-2	研究2-1で選定した下位項目について、個別に課題を実施し、適切性と評価基準についての検討および他の下位項目との関連についての分析を行った。	5歳0か月超から10歳未満の幼児・学童児178名	「名詞列挙」 (1)鳥　　(2)果物 (3)魚
新しい検査項目についての検討	研究3 研究3-1	発達評価におけるふり遊び課題および物の手渡し課題の有用性 乳幼児期における発達評価の観点として「ふり遊び」に注目し、McCune (1981) のふり遊びの発達の水準に基づき、「慣用操作」、「人形遊び」、「自己へのふり」の課題を作成した。物の手渡し課題である「指示理解」とともに、1歳6か月児を対象にこれらの課題の利用可能性を検討した。	1歳6か月児健診の受診者89名	「慣用操作」 「自己へのふり」 「人形遊び」 「指示理解」
	研究3-2	「慣用操作」、「人形遊び」、「自己へのふり」、「指示理解」の課題をより幅広い年齢の対象者に実施し、正答率の推移を調べることで、乳幼児期の発達評価における有用性を検討した。	0歳8か月超から3歳未満の乳幼児112名	「慣用操作」 「自己へのふり」 「人形遊び」 「指示理解」
	研究4	発達評価におけるじゃんけん課題の有用性 幼児期における発達評価の観点として「じゃんけん」に注目し、「手の形の理解課題」、「勝ち判断課題」、「負け判断課題」の三つの下位課題からなる「じゃんけん」課題を作成し、その有用性を検討した。	1歳0か月超から7歳未満の幼児569名	じゃんけん課題 「手の形の理解課題」 「勝ち判断課題」 「負け判断課題」
	研究5	発達評価における絵並べ課題の有用性 幼児期における発達評価の観点として「絵並べ」課題に注目し、Baron-Cohen et al. (1986) の絵並べ課題を参考に、「機械的系列」、「行動的系列」、「意図的系列」に分類される四つの下位課題からなる絵並べ課題を作成し、その有用性を検討した。	3歳6か月から8歳11か月の幼児および学童児349名	絵並べ課題 (1)すべり台 (2)花 (3)郵便 (4)競走

第Ⅱ部　新版K式発達検査の精密化に関する発達心理学的研究

第4章　既存の検査項目に関する検討

第1節　「語の定義」の下位項目の適切性（研究1）

問題

　身近にある物や日常的に用いられる言葉について、その意味や定義の説明を求めることで、対象者の知的発達の水準を評価するという手法がある。この手法は、Binet, A の知能検査の「定義」課題で初めて用いられたものである（以下、特定の検査の項目名を指す場合を除き、同様の課題を一般名称として「語定義課題」と呼ぶ）。

　ビネーは、特定の語について「―とは何ですか」と質問する課題を「定義」課題と呼び、幼児期の子どもに対して、身近な物（「椅子」や「フォーク」など）について説明するように求めた場合、回答内容が次の三つに分類できることを見出した（Binet & Simon, 1921　大井・山本・津田訳 1977）。①無反応および提示された語の復唱、②用途による定義（例：椅子に対して「座るもの」、フォークに対して「食べるもの」）、③用途以上の定義（例：椅子に対して「家具」、フォークに対して「食器」）の3種類であり、これらの回答内容が子どもの年齢によって変化していくことに着目し、子どもの発達水準を評価するために「定義」課題を用いることができると考えた（Binet & Simon, 1921　大井・山本・津田訳 1977）。このような語定義課題は、ウェクスラー式知能検査の「単語」や新版K式発達検査の「語の定義」など、さまざまな知能検査や発達検査において現在でも広く用いられている。また、語定義課題は子どもの知的発達の側面のうち、言語発達水準や言語概念化能力、習得知識などを評価で

きると考えられており（Bannalyne, 1974；藤田・上野・前川・石隈・大六, 2005；上野・海津・服部, 2005）、発達評価において有用な課題であると考えられる。

　一方、さまざまな検査において語定義課題が用いられているが、課題に用いる語は検査によって異なる。語定義課題は、課題に用いる語（以下、下位項目と呼ぶ）によって定義の難易度が異なることが知られている。例えば、ビネーの検査では、「椅子」や「フォーク」など、子どもの身近にある物については、用途による定義が6歳頃、用途以上の定義が9歳頃に達成可能とされている。一方で「親切」や「正義」など、抽象的な語の定義になると達成可能な年齢は12歳頃とされており、用いる語によって達成可能な年齢は大きく異なる（Binet & Simon, 1921　大井・山本・津田訳 1977）。そのため、どのような下位項目を用いるかということは、語定義課題にとって重要な要素である。さらに、語定義課題の下位項目が適切なものであるといえるかどうかは、文化や時代によっても左右されうる。1983年に発行された新版K式発達検査増補版（嶋津・生澤・中瀬, 1983）では「馬」や「ストーブ」が「語の定義」の下位項目として用いられていたが、2002年に発行された新版K式発達検査2001では、時代に合わなくなったと考えられ、別の下位項目に変更されている（松下・生澤, 2003）。新版K式発達検査増補版においては、「馬」について『荷台を引くもの』（以下、本節においては具体的な言語反応は『』内に記述する）という説明を「用途」による説明として認めていたが、2000年前後の生活環境においてはそぐわないものとなっていた。また、「ストーブ」についても「エアコン」や「ヒーター」など暖房器具が多様化する中で、幼児期の子どもに対して一般的に理解されやすい語ではなくなったと判断された。そのため、新版K式発達検査2001への改訂で「馬」と「ストーブ」の下位項目は削除され、代替の下位項目である「電話」へと変更された（松下・生澤, 2003）。

　知能検査や発達検査を含めた心理検査全般において、一般的に15年から20

年程度を目安に改訂を行い、検査の内容や基準を時代に合わせることが必要であると考えられている（日本テスト学会，2007）。新版K式発達検査についていえば、現在用いられている新版K式発達検査2001は2002年に発行されたものであり、発行から十数年が経ち、時代に合わせた検査項目の見直しや再標準化の必要性が高まっている。既にいくつかの検査項目について、時代に合わせて内容を修正することが検討されており、「語の定義」も修正が必要と思われる検査項目の一つである。

　研究1の目的は、新版K式発達検査における語定義課題である「語の定義」について、時代に合わせて下位項目の加除修正を行い、修正後の下位項目の適切性を検討することである。現在用いられている下位項目においては、とくに「電話」について、修正が必要であると考えられる。理由は主として次の2点である。

　一つは「電話」について説明する際に、『電話するもの』、『誰かに電話する』など、サ変動詞の形で「電話」という文言を含めて説明しようとする反応が多く見られることである（新版K式発達検査2001臨床的適用の諸問題編集委員会，2005）。「電話する」という表現は日常的に用いられるため、用途を説明しようとしてこのような表現になる可能性は十分に考えられるが、単に提示された語を復唱する反応との区別が難しく、また提示された語の定義を説明したといえるかどうかが曖昧である。

　2点目は、「電話」の形態や用途の多様化である。新版K式発達検査2001が発行された当時は固定電話や公衆電話が身近に存在しており、携帯電話も普及し始めていたが、その機能は通話やメールなど限られたものであった。しかしながら、現在は固定電話が設置されていない家庭も数多くあり（総務省，2016）、スマートフォンに代表されるように、電話の機能や形態も非常に多様化している。そのため、『メールするもの』や『ゲームするもの』、『写真を撮るもの』などこれまでにはない反応が出現してくることも考えられる。今後、電話の機能はさらに多様化する可能性も考えられるため、「電話」に

対して「用途」によって定義づけることはますます困難になっていくものと予想される。以上のことから、新版K式発達検査の「語の定義」の下位項目のうち、「電話」については別の下位項目に変更する必要があると考えられる。そのため本研究では、現代において適切に用いることができる「語の定義」の下位項目を選定し、その適切性を検討する。

　また、前述の通り、語定義課題に対する反応内容は子どもの年齢によって変化し、ビネーの検査では三つの分類に整理されていたが（Binet & Simon, 1921　大井・山本・津田訳 1977）、具体的にどのような反応がどの程度の割合で何歳頃に出現してくるのかということについては、十分に明らかになっていない。そのため、本研究では年齢が進むにしたがって子どもの反応内容がどのように変化していくのかについても調べることとした。

　新版K式発達検査の「語の定義」は、ビネーの検査における身近な物についての「定義」課題とほぼ同じ手順と基準が用いられている。子どもの反応内容の分類はより細分化され、①無反応および提示された語の復唱、②色や形、材質など外見的な特徴への言及（例：机『脚が4本ある』、『木でできている』等）、③用途による定義（例：机『勉強する』、『ごはんを食べるところ』等）、④類概念による定義（例：机『家具』）の四つに分類されるが（中瀬・西尾, 2001；新版K式発達検査2001臨床的適用の諸問題編集委員会, 2005）、全体的な評価の基準はビネーの検査とかなり類似している（Binet & Simon, 1921　大井・山本・津田訳 1977；生澤・松下・中瀬, 2002）。ただし、実際の子どもの回答はこれらの分類にはうまく当てはまらない場合もあり、研究1においてはさらに細かく分類して検討する。

　以上の観点から、新版K式発達検査の「語の定義」について検討を行うため、研究1では「語の定義」の課題を幅広い年齢の子どもに実施することとした。研究1の対象とする子どもの年齢を決定するにあたり、新版K式発達検査の「語の定義」の50％通過年齢（当該課題に半数の子どもが通過するようになる年齢）を参照した。新版K式発達検査1983年版では、50％通過年齢が4

歳8.1か月、新版Ｋ式発達検査2001では50％通過年齢が５歳7.1か月であった（生澤・大久保, 2003）。研究１ではその前後１年程度まで範囲を広げ、３歳６か月超から６歳６か月までの子どもを対象とすることとした。

方法

下位項目の選定と予備的研究

　下位項目の候補として、幼児の身近にあると思われるものを選定するため、幼児期の評価尺度であるCBCL1.5-5（Child Behavior Checklist：子どもの行動チェックリスト　１歳半〜５歳児用）の言語評価票（Achenbach, 2000　船曳訳2015）および日本語マッカーサー乳幼児言語発達質問紙の語彙リスト（綿巻・小椋, 2004）を参照した。これらのリストから「語の定義」の下位項目を選定するにあたり、①用途についての説明がサ変動詞になり得るもの（アイロン・ふた・掃除機など）、②形態や用途が変わりやすいもの（家電製品など）、③既存の「語の定義」の下位項目と用途が類似するもの（ペン、自転車、積木など）、④他の検査項目の成否に影響し得るもの（「了解Ⅱ」の降雨や火事の設問と関連する、かさや消防車など）を除外した。以上の点を踏まえ、「語の定義」の下位項目の候補として「鏡」と「タンス」の２語を選出し、さらに「電話」と同じく他者への伝達を目的とした物として「手紙」も加えた。

　これらの３つの語を用いて、４歳児13名、５歳児７名を対象に予備研究を行った。なお、予備的研究においては、各語に対する反応例を得ること、また年齢が進むにつれてどのように反応が変化するのかの大まかな傾向を捉えることを目的とした。そのため、対象者が少数であることを考慮し、対象者を４歳児と５歳児に大別し、その反応内容を比較した。各語に対する回答のうち、「用途」による説明の割合は、「手紙」においては４歳児では13名中２名（15.3％）、５歳児では７名中４名（57.1％）、「鏡」においては４歳児では13名中５名（38.5％）、５歳児では７名中５名（71.4％）であった。このことから、少数のデータではあるが「手紙」と「鏡」については、子どもの年齢

が高くなるにつれて「用途」による定義の反応の割合が増加するのではないかと考えられた。一方、「タンス」に対して「用途」によって説明した者の割合は、4歳児で13名中2名（15.3%）、5歳児で7名中1名（14.3%）にとどまった。「手紙」や「鏡」と比べて『知らない』という反応が多く、子どもの生活環境によっては身近にタンスがない、あるいは類似のものがあってもタンスという語では呼ばれていない可能性があるものと考えられた。そのため、「タンス」を除いた「手紙」と「鏡」を候補として選出し、新版K式発達検査2001で用いられている「机」、「鉛筆」、「電車」、「人形」と合わせた六つの下位項目について、その適切性を検討することとした。適切性の基準については、生澤・松下・中瀬（1985）の考え方に基づき、まず年齢が進むにしたがって正答（「用途」や「類概念」による説明）の割合が増えるかどうかを重視し、今回選出した「手紙」と「鏡」については既存の四つの下位項目と類似した傾向がみられるかどうかという観点から判断することとした。

対象者

　研究1は、2015年4月から2017年2月にかけて、京都府と大阪府、滋賀県の保育所や幼稚園、地域の子育てひろば等において、3歳6か月超から6歳6か月未満の幼児351名を対象に実施された。事前に園と保護者に対して本研究の主旨を書面にて説明し、保護者の同意が得られた子どもだけを対象とした。対象者の年齢区分別の人数は、3歳6か月から4歳0か月未満が32名、4歳0か月から4歳6か月未満が49名、4歳6か月から5歳0か月未満が91名、5歳0か月から5歳6か月未満63名、5歳6か月から6歳0か月未満が55名、6歳0か月から6歳6か月未満が61名であった。なお、年齢区分は新版K式発達検査で採用されている区分を用いた。各年齢区分の対象者の人数と平均月齢およびその標準偏差を Table 4-1-1 に示す。

Table 4-1-1　対象者の人数および平均月齢と月齢の標準偏差

年齢区分	3:6-4:0	4:0-4:6	4:6-5:0	5:0-5:6	5:6-6:0	6:0-6:6	全体
人数	32	49	91	63	55	61	351
平均月齢	45.0	50.3	57.0	63.2	69.3	74.8	61.1
月齢の標準偏差	1.66	1.60	1.85	17.1	1.77	1.81	9.56

実施手順

　保育所や幼稚園の空きスペースなどを利用し、各対象者に対して個別的に「語の定義」の課題を実施した。用いた下位項目は6項目であり、「机」、「鉛筆」、「電車」、「人形」、「手紙」、「鏡」の順に実施した。新版K式発達検査の「語の定義」では下位項目の実施順序が固定されているため、本研究も同様に実施順序を固定し、新版K式発達検査2001の下位項目について「電話」を除く4項目（机、鉛筆、電車、人形）を順に実施し、「手紙」と「鏡」を後に付け加えるようにした。各下位項目に対して、「用途」による定義（例：「机」に対して、「勉強するところ」）、あるいは「類概念」による定義に該当する回答があった場合（例：「机」に対して、「家具」）、正答と評価した。課題を実施したのは、臨床心理士、臨床発達心理士、あるいは臨床心理学を専攻する大学院生であり、本研究の目的についてあらかじめ個別に説明を行い、実施手順と評価の基準を統一した。各下位項目の正答、誤答に関わらず、全対象者に六つの下位項目のすべてについて質問し、反応を記録した。

倫理的配慮

　研究1は、京都国際社会福祉センター研究倫理委員会の研究倫理規定に基づき、神戸学院大学研究等倫理審査委員会（承認番号：SEB16-29）の承認を受けて実施された。研究の実施にあたっては、研究の概要、研究協力の中断や辞退の自由、データの使用目的と匿名化の方法について保護者に口頭および文書で説明した上で、研究協力者の自由意思のもと研究協力の同意を得た。

結果

すべての対象者の結果を合わせて、下位項目ごとの平均正答率を算出したところ、「机」は50.7%（$SD=0.50$）、「鉛筆」は60.1%（$SD=0.49$）、「電車」は32.8%（$SD=0.47$）、「人形」は37.3%（$SD=0.48$）、「手紙」は42.2%（$SD=0.49$）、「鏡」は54.1%（$SD=0.50$）であった。これらの下位項目の正答率について、Cochran の Q 検定（三つ以上の対応のある比率の差についての検定）を行った結果、下位項目によって正答率に有意な差が認められた（$\chi^2(5, N=351)=126.6, p<.01$）。多重比較の結果は、以下の通りである。「鉛筆」は「机」、「手紙」、「人形」、「電車」との間で正答率に有意な差がみられた（$ps<.01$）。「鏡」は「手紙」、「人形」、「電車」との間で正答率に有意な差がみられた（$ps<.01$）。「机」は「手紙」、「人形」、「電車」との間で正答率に有意な差がみられた（$ps<.01$）。「手紙」は「電車」との間で正答率に有意な差がみられた（$p<.01$）。

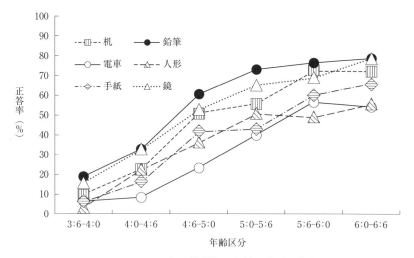

Figure 4-1-1　各下位項目の年齢区分別正答率

1. 年齢区分別正答率

　六つの下位課題の年齢区分別正答率を Figure 4-1-1 に示す。また、年齢区分ごとに下位課題間の正答率の高低に関する Cochran の Q 検定および多重比較を行った結果を Table 4-1-2 に示す。

　さらに、各下位項目において年齢区分間で正答率に差がみられるかどうかについて χ^2 検定を行った結果、すべての下位項目において、年齢区分によって正答率に有意な差があることがわかった（$ps<.01$）。残差分析による多重比較の結果を Table 4-1-3 に示す。

　すべての下位項目において、3歳半から4歳半までの年齢区分においては正答率が有意に低くなっており、5歳半から6歳の年齢区分では「人形」以外のすべての下位項目において正答率が有意に高く、6歳から6歳半の年齢区分ではすべての下位項目において正答率が有意に高くなっていた。つまり、全体的な傾向として、いずれの下位項目においても年齢が高くなるほど正答率が高くなっていた。ただし、各下位項目の正答率は、6歳0か月から6歳6か月の年齢区分においても50%～80%程度にとどまった。

2. 各下位課題における反応内容

　各下位項目に対する反応を分類し、各年齢区分における出現率を調べた。分類については、新版K式発達検査における基準をさらに細分化し、①無反応や提示された語の復唱（無反応・復唱）、②対象物に対する個人的な経験を述べる（経験）、③色や形、材質など外見的な特徴に言及する（属性）、④用途に言及するが十分な定義に至らない（用途不十分）、⑤用途による定義（用途）、⑥類概念による定義（類概念）の6種類とした。例えば「机」に対して『保育園にある』、『お家の（机）は白』など、個人の経験的な理解を述べた場合を②「経験」と分類した。さらに、「机」について『勉強』のように用途に関する言葉を述べているが説明としては不十分で、新版K式発達検査の基準では誤答とされる反応を④「用途不十分」に分類した。なお、新版K式

Table 4-1-2 各年齢区分における各下位課題の正答者数・誤答者数とその検定結果

年齢区分	下位課題	正答者数	誤答者数	検定結果
3:6～4:0				すべての下位課題間に有意差なし
4:0～4:6	机	11	38	鉛筆＞電車** 鏡＞電車**
	鉛筆	16	33	
	電車	4	45	
	人形	10	39	
	手紙	8	41	
	鏡	15	34	
4:6～5:0	机	46	45	机＞電車**，鉛筆＞電車**， 鉛筆＞人形**，鉛筆＞手紙*， 鏡＞人形*
	鉛筆	55	36	
	電車	22	69	
	人形	32	59	
	手紙	37	54	
	鏡	44	47	
5:0～5:6	机	35	28	鉛筆＞電車**，鉛筆＞人形*， 鉛筆＞手紙*， 鏡＞電車*，鏡＞手紙*
	鉛筆	45	18	
	電車	26	37	
	人形	31	32	
	手紙	27	36	
	鏡	40	23	
5:6～6:0	机	42	17	机＞人形** 鉛筆＞人形** 鏡＞人形*
	鉛筆	45	14	
	電車	34	25	
	人形	25	34	
	手紙	36	23	
	鏡	41	18	
6:0～6:6	机	43	18	机＞電車*，鉛筆＞電車**， 鉛筆＞人形**，鏡＞電車**， 鏡＞人形**
	鉛筆	48	13	
	電車	30	31	
	人形	33	28	
	手紙	40	21	
	鏡	49	12	

*$p<.05$　**$p<.01$

第4章 既存の検査項目に関する検討

Table 4-1-3 各下位項目における年齢区分別の正答率についての調整済み残差

下位項目	3:6-4:0	4:0-4:6	4:6-5:0	5:0-5:6	5:6-6:0	6:0-6:6
(1)机	−4.9**	−4.3**	0.0	0.8	3.6**	3.4**
(2)鉛筆	−5.0**	−4.2**	0.1	2.0*	2.4*	3.3**
(3)電車	−3.4**	−4.0**	−2.0*	1.6	4.1**	3.0**
(4)人形	−4.2**	−2.6**	−0.5	2.2*	1.1	3.0*
(5)手紙	−4.3**	−3.9**	−0.3	0.1	3.2**	4.1**
(6)鏡	−4.6**	−3.6**	−1.3	1.6	2.1*	4.5**

*$p<.05$ **$p<.01$

発達検査においては③「属性」について、「主要な属性」と「附属的な属性」に分けて評価し、「主要な属性」を二つ以上述べた場合は正答と評価するという基準を設けているが、本研究においては351名の六つの下位項目に対する反応のうち、「主要な属性」を二つ述べるという反応はわずか1例のみであった。そのため、研究1においては正答基準として「用途」を重視し、③「属性」については主要的なものと附属的なものの区別は行わなかった。各下位項目における年齢区分ごとの反応の割合をFigure 4-1-2から

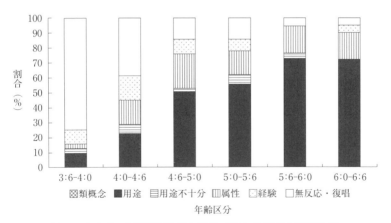

Figure 4-1-2 各年齢区分における「机」に対する反応内容

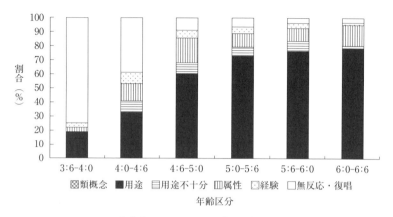

Figure 4-1-3　各年齢区分における「鉛筆」に対する反応内容

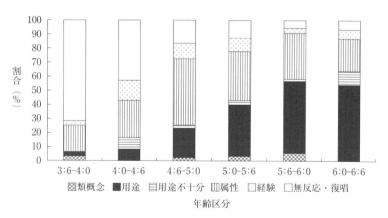

Figure 4-1-4　各年齢区分における「電車」に対する反応内容

Figure 4-1-7 にまとめた。

　いずれの下位項目においても、⑤「用途」に該当する反応は年齢が進むにしたがって増加する傾向がみられた。一方で、類概念による表現は「電車」、「人形」以外ではみられなかった。②「経験」に分類される反応は、「人形」において他の下位項目よりも有意に多く出現し（$ps<.01$）、「鏡」において有

第4章 既存の検査項目に関する検討　39

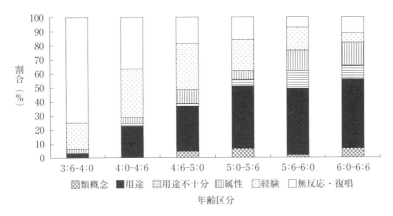

Figure 4-1-5　各年齢区分における「人形」に対する反応内容

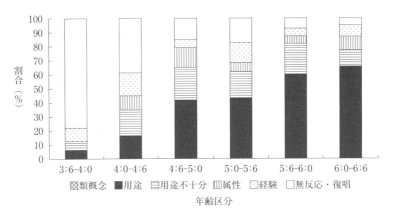

Figure 4-1-6　各年齢区分における「手紙」に対する反応内容

意に少なかった（$ps<.01$）。また、③「属性」に分類される反応は、「電車」において他の下位項目よりも有意に多く出現し（$ps<.01$）、次いで「机」において他の四つの下位項目よりも有意に多く出現していた（$ps<.01$）。さらに、④「用途不十分」に分類される反応は、「手紙」において他の下位項目よりも有意に多く出現し（$ps<.01$）、次いで「鏡」において他の四つの下位

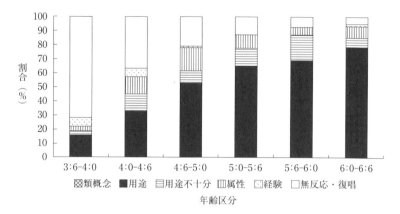

Figure 4-1-7　各年齢区分における「鏡」に対する反応内容

項目よりも有意に多く出現していた（$ps<.01$）。

　以上のように、年齢が進むにしたがっていずれの下位項目についても⑤「用途」に分類される反応が増加することが明らかとなった。その一方で、各分類の出現率や年齢区分による割合の変化は下位項目によって異なった傾向があることがわかった。

考察

　研究1では、幼児期に用いる語定義課題である「語の定義」について、今の時代に合った下位項目を選定し、その適切性を検討することを目的として、3歳6か月から6歳6か月までの幼児351名を対象に、「机」、「鉛筆」、「電車」、「人形」、「手紙」、「鏡」の六つの下位項目からなる「語の定義」の課題を実施した。

　その結果、六つの下位項目はすべて年齢が進むとともに正答率が上昇する傾向にあり、「手紙」は「人形」と、「鏡」は「机」と類似した正答率となることがわかった。このことから、研究1で用いた六つの下位項目からなる「語の定義」の課題は、幼児期の発達評価において有効に用いることができ

るものと考えられる。

　また、研究1では、各下位項目に対する反応内容を六つの分類に整理し、年齢区分ごとにどのような割合でそれぞれの反応がみられるのかを調べた。語定義課題に関するこれまでの研究において、年少児では題意が理解できなかったり、形や色など外見的特徴を答えたりする傾向があり（Binet & Simon, 1921　大井・山本・津田訳 1977）、年長児になるほど用途や類概念による説明が出現するようになることは明らかにされていた。しかしながら、それぞれの反応が各年齢においてどの程度出現し、どのように推移していくのかに関する明確な資料は存在しなかった。本研究は六つの下位項目に限定されたものであり、また、実施順序も固定されているため、各下位項目の結果には実施順序の影響が含まれる可能性がある。しかしながら、そのような限界を考慮した上においても、語定義課題に対する幼児の反応内容についての有用な基礎資料の一つになるものと考えられる。

1．下位項目の適切性と通過基準

　本研究の結果、「机」、「鉛筆」、「電車」、「人形」、「手紙」、「鏡」の六つの下位項目について、年齢が進むとともに正答率が上昇していくことが確認され、各下位項目の適切性が確認された。一方で、各下位項目の正答率は3歳6か月から6歳6か月までの間で100％には到達せず、50％から80％程度にとどまった。このことから、各下位項目に対してどの水準の反応がみられるかは、その事物に対する個人の経験やそれに基づく認識によって左右され、年齢が進むにしたがって一様に達成可能になっていくわけではないと考えられた。そのため、発達評価の指標として用いるためにはいくつかの下位項目を組み合わせて使用し、各下位項目に対する反応を総合的に評価する必要があるものと思われる。ビネーの検査においても「答えの大部分が示す特徴を考慮する」（Binet & Simon, 1921　大井・山本・津田訳 1977, Pp.46）という考えのもと、五つのうち三つ以上正答であれば通過という基準が用いられ、新版

K式発達検査2001でも五つの下位項目のうち四つ以上に正答（用途あるいは類概念による定義）した場合に、通過と評価するように基準が設定されている。このことから、改訂版においても、新版K式発達検査2001と同様、複数の下位項目から構成し、それらの下位項目への反応を総合的に評価できる基準を用いることが必要であると考えられる。

2．各下位課題の反応内容の変化とその意義

　研究1では、各下位項目の反応内容について、六つの分類に整理し、各年齢区分における出現率を調べた。その結果、下位項目によって各反応内容の出現する割合や年齢区分による正答率の変化の仕方が異なることがわかった。このことは各下位項目の性質を表しているものと考えられる。そこで次に、各下位項目の反応内容の出現率から考えられる、各下位項目の特色について検討する。

　まず、②「経験」に分類される反応は、「人形」の下位項目において出現する割合が大きかった。反応内容としては『くまさん』、『ウルトラマン』、『髪が長い』などがあり、「人形」の概念に含まれる具体物にかなりの種類があり、人形にまつわる身近なエピソードに基づいた反応が出現しやすいことが反映されたのではないかと考えられる。

　次に、③「属性」に分類される反応は、いずれの下位項目のどの年齢区分においても一定の割合でみられたが、とくに「電車」の下位項目において反応の割合が大きかった。これは『長細い』、『ドアがついている』、『車輪がついている』などの形態的な特徴についての反応が多くみられたことと、電車の特徴に言及した反応（『走る』、『駅にいる』等）ではあるが「用途」とは言えないために「属性」に分類される反応が多くみられたことが影響したものと思われる。

　また、⑥「類概念」に分類される反応は全般に少なく、「人形」と「電車」の下位項目以外では全くみられなかった。これは各下位項目を包括する上位

カテゴリー（机：家具、鉛筆：筆記具、電車：乗り物、人形：おもちゃ、鏡：光器、手紙：通信手段）に関する語のうち、幼児期の時点で理解可能なものが「乗り物」と「おもちゃ」だけであったためと考えられる。

　以上のように、今回の「語の定義」の課題に対する反応内容は、年齢が進むにともなって「用途」に関する反応が増える傾向にあるものの、増加の割合や、他の分類の反応内容については、下位項目によってかなり違いがみられた。臨床的な適用と解釈においては、これらの下位項目ごとの特徴と、それぞれの下位項目についての理解の基盤となる個人的経験にも目を向けていくことが肝要であると考えられる。

3．研究1の成果と今後の課題

　研究1で「語の定義」の新しい下位項目として検討した「鏡」と「手紙」は、それぞれ「人形」や「机」などの既存の項目と類似した正答率になっており、年齢が進むにしたがって正答率が上昇していくことも確認された。よって「語の定義」の下位項目として適切であると考えられる。

　一方で、研究1の中では「手紙」や「鏡」に対して⑥「類概念」による説明は見られず、正答はすべて⑤「用途」による説明であった。反応例としては、「手紙」では『誰かに渡すもの』、『何かをお知らせしたりする』等があり、「鏡」では『お顔を見るもの』、『お化粧の時に使うもの』等の反応があった。語定義課題は、評定者間の評価の誤差が大きいと言われており（Slate, J, R & D, Chick, 1989；鈴木・永田, 1992）、誤差を可能な限り小さくするためには課題の正誤の明確な評価基準を示すことが必要である。今回、「手紙」や「鏡」の下位項目において「用途不十分」に分類される反応が多かったのは、これらの下位項目については正誤の基準に関する知見の蓄積が少なく、用途による説明であると明確に判断できたもの以外は「用途不十分」に含めたことも影響しているものと考えられる。今後、さらに反応データの集積を行い、どのような説明をもって正答と評価することが適当かということについて、

正答基準の明確化という観点から、さらに精査を行う必要がある。また、①「無反応・復唱」から⑥「類概念」に至るまでの説明の水準が、年齢が進むにしたがってどのように変化していくか、さらに反応内容の分析と検討を重ねていく必要があると思われる。

　また、本研究の対象者は関西圏在住者に限定されており、本研究の結果は対象者の居住地域が偏っていることの影響を受けている可能性が考えられる。今後、より広範な地域において同様のデータ収集を行い、日本国内における標準的な資料を作成していく必要がある。

第2節　「名詞列挙」の下位項目の適切性（研究2）

問題

　提示されたカテゴリー語に対して、そのカテゴリーに属する語をできるだけ早くたくさん回答するよう求めることで、対象者の言語機能の一側面を評価する手法がある（以下、同様の課題を「列挙課題」と呼称する）。

　例えば言語流暢性検査の一つである「意味・カテゴリー流暢性検査」もこれにあたる。意味・カテゴリー流暢性検査は、主として認知症のスクリーニングや言語機能の評価法として広く用いられている（伊藤，2006）。意味・カテゴリー流暢性検査を成人から高齢者を対象に実施した場合、用いられるカテゴリー語によって、平均的な正反応数（当該カテゴリー語に分類されると正しく評価される反応）や、正反応数や誤反応数に対する加齢の影響が異なる（伊藤，2006）。そのため、検査の対象者や目的によって「色・鳥・動物」（Newcomb, 1969）や「動物・果物・野菜」（Bayles, Salmon, Tomoeda, & Jacobs, 1989）、「食べ物・衣服」（Stern, Richards, Sano, & Mayeux, 1993）など、さまざまな語が用いられている。

　さまざまな事物に対して、人はどのような基準によってカテゴリー分類を

行うかということについては、「カテゴリー判断」という観点から研究がなされている。一般にカテゴリー判断において幼児は視覚的な類似性に強く影響され、成長し知識が充実していくにしたがって、分類学的なカテゴリー判断（例えば、さまざまな生物に対しての生物学的分類や進化の過程に基づく系統学的分類）が可能になると考えられている（石田，2011）。そのため、どのようにカテゴリー判断を行うかを調べることによって対象者の発達水準を評価することが可能であり、列挙課題は発達評価においても広く用いられてきた。子どもを対象としたものとしては、鈴木ビネー知能検査の「類似の名詞」（鈴木，1956）や、マッカーシー知能発達検査の「ことばの流暢さ」があり（小田・茂木・池田・杉村，1981）、言語的概念形成や論理的分類、創造性、言語表現の発達について評価できるとされている（清水・豊田，1992）。

　研究2の目的は、新版K式発達検査における列挙課題である「名詞列挙」について、その下位項目の適切性を検討することである。研究1と同様、新版K式発達検査の改訂版の作成を念頭に、まず新版K式発達検査2001の「名詞列挙」で用いられている下位項目が、現在の社会環境において適切に利用可能といえるかどうかという点について検討する。

　前述した通り、列挙課題はどのようなカテゴリー語を用いて課題を実施するかによって、平均的に生成される反応数が異なる。そのため、どのようなカテゴリー語を用いるかということは、列挙課題において重要な要素である。

　新版K式発達検査2001では「鳥」、「果物」、「獣、動物」というカテゴリー語が用いられている（生澤・松下・中瀬，2002）。K式発達検査は、京都市児童院において用いられていた「K-B個別式知能検査」（京都市児童相談所，1975）や「K式乳幼児発達検査」（京都市児童院指導部，1962）を前身としており、これらの検査は鈴木ビネー知能検査において用いられていた「鳥」、「果物」、「獣」というカテゴリー語（鈴木，1956）を踏襲して採用したという経過がある。しかしながら「獣」という語に関しては、社会環境の変遷とともに、この課題の主たる対象者である幼児や学齢期の子どもには理解されにく

い語となってきたため、K-B個別知能検査やK式乳幼児発達検査においては、「獣、動物」と二重に教示する手続きが採用された。その後、K-B個別知能検査とK式乳幼児発達検査は統合され、新版K式発達検査（嶋津・生澤・中瀬，1980）となったが、「名詞列挙」においては現在の最新版である新版K式発達検査2001まで、「鳥」、「果物」、「獣、動物」の下位項目が継続して用いられている（生澤・松下・中瀬，2002）。

　ただ、その一方で、正答基準については「人間以外の哺乳類の名前を挙げること」とされている。つまり「獣」を答えるように求めていることになる。この実施手順と評価の基準を照らし合わせると、以下の二つの問題点があると考えられる。

①「獣、動物」と二重に教示する手続きとなっているが、「獣、つまり動物の名前」を言えばよいと捉えられる可能性がある。また、「獣」が理解できない場合、子どもは理解可能な「動物」の方に反応して名称を答えようとする可能性がある。

②「動物」という語は一般的には「植物」との対概念として、「生物」全般を指して用いられることが多く、「名詞列挙」の他の下位項目と比べて属する語が広範である。それに対して正答基準は「人間以外の哺乳類」に限定されている。

　布施（2003）は子どもが生物という概念の中で「ヒト」をどのように捉えているのか、発達的な観点から検討しているが、幼児や小学校1年生が「ヒト」を他の動物と同じ分類にしないのに対して、3年生や5年生では「ヒト」と動物を同じグループとして分類するようになることを報告している。つまり「動物」の下位項目に対しては、年齢が上がるほど「人間」などの正答基準に合致しない回答が増加する可能性があると考えられる。

　以上の点を踏まえ、研究2-1では下位項目である「獣、動物」について、現代においても適切に利用可能かどうかを検討する。また、「獣、動物」が利用に適さない場合を想定し、代替して使用できるカテゴリー語の候補につ

いても併せて検討する。

研究2-1

方法

　研究2-1の目的は、新版K式発達検査の「名詞列挙」の下位項目である「獣、動物」が、発達検査項目として適切かどうかを検討することである。さらに、「獣、動物」が利用に適さない場合を想定し、代替利用が可能なカテゴリー語（下位項目）についても併せて検討する。そのためには、まず代替となるカテゴリー語を選出し、次に「獣、動物」や代替となるカテゴリー語の候補に対する、現在の子どもの具体的な反応内容を数多く収集する必要がある。そのため研究2-1では、代替カテゴリー語を加えた「名詞列挙」の課題を集団式で実施し、「獣、動物」および代替カテゴリー語に対する反応を収集することとした。

対象者

　研究2-1は、2015年9月に実施された。対象は京都府内の小学校に通う子どもであった。人数は、低学年（1年生・2年生）187名、中学年（3年生・4年生）221名、高学年（5・6年生）186名の計594名であった。

実施手順

　五つのカテゴリー語を提示し、それに属すると思われる語を産出するように求めた。課題は筆記式で、集団で実施した。「今から言うものの名前をできるだけたくさん、できるだけ早く記入してください」と指示し、周囲と相談したり他者の回答を見たりしないように伝えた。実施時間は一つのカテゴリー語につき30秒で、終了時間になったら「終わりです。鉛筆を置いてください」と記入をやめるように指示した。記録用紙には、個人名や生年月日は

記録せず、不要な個人情報を収集しないようにした。

　代替カテゴリー語の候補については、小川（1972）、秋田（1980）および伊藤（2006）を参照し、「魚」、「野菜」、「花」を選出した。「魚」と「野菜」は言語流暢性課題においても使用され、安定した結果が得られていることから、「名詞列挙」におけるカテゴリー語としても利用可能ではないかと考えた。「花」については、先行研究においては「草木」などのカテゴリー語が用いられているが、「野菜」や「果物」と重複する語が多数考えられるため、独自のカテゴリー語として「花」を用いることとした。その結果、研究2-1で用いたカテゴリー語は「魚」、「果物」、「動物」、「花」、「野菜」の五つであった。新版K式発達検査の「名詞列挙」の課題では「鳥」という語も用いられているが、「鳥」を「動物」と合わせて用いると「動物」に対する鳥類の反応が抑制されると考えられるため、実施項目から除外した。

　なお、研究2-1では、カテゴリー語の提示順序は魚、果物、動物、花、野菜の順で固定されていた。そのため、提示順序が結果に影響する可能性があるが、新版K式発達検査2001においても提示順序が固定されており、また研究2-1では各カテゴリー語に対する子どもの具体的な反応内容と加齢に伴う変化を大まかにとらえることを主たる目的としていたため、提示順序が固定されていても大きな支障はないものと判断された。

倫理的配慮

　研究2-1は、京都国際社会福祉センター研究倫理委員会の研究倫理規定に基づいて実施された。研究の実施にあたっては、研究の概要、研究協力の中断や辞退の自由、データの使用目的と匿名化の方法について口頭および文書で説明した上で、研究協力者の自由意思のもと研究協力の同意を得た。結果はすべて無記名で、個人を特定できる情報は取集しなかった。

結果

　対象者を1年生と2年生（低学年群）187人、3年生と4年生（中学年群）221人、5年生と6年生（高学年群）186人の3群に分け、それぞれのカテゴリー語に対する反応数を記録した。反応は、カテゴリー語との対応によって正反応・誤反応に分類された。分類の基準は、「果物」、「動物」については、新版K式発達検査2001の正答基準に即して判断した。「野菜」については、食用草本植物を正反応とした。根菜類、茎菜類、葉菜類、果菜類、花菜類のほか、果実的野菜（スイカ、メロンなど）も正反応と評価した。海草などの藻類やきのこなどの菌類は、本研究においては「野菜」のカテゴリーに含めず、誤反応に分類した。「魚」については魚類に属するものを正反応に分類した。そのため、「イルカ」、「クジラ」、「シャチ」などは誤反応と評価し、「サメ」、「ジンベイザメ」は正反応と評価した。研究2-1は筆記式で課題を実施したため、一部で誤字がみられたが、鏡文字など、書こうとした語が明らかなものは、鏡文字を修正した語としてカウントした。

1. 年齢区分別平均正反応数

　各学年における各カテゴリー語の平均正反応数をFigure 4-2-1に示す。

　正反応数について、3（学年：低学年・中学年・高学年）×5（カテゴリー語：魚・果物・動物・花・野菜）の2要因分散分析（混合計画）の結果、学年とカテゴリー語の主効果と、交互作用が認められた（順に、$F_{(2,591)}=376.5$, $p<.01$, $\eta^2_p=.56$；$F_{(4,2364)}=345.9$, $p<.01$, $\eta^2_p=.37$；$F_{(8,2364)}=18.9$, $p<.01$, $\eta^2_p=.06$）。カテゴリー語について多重比較を行った結果、すべてのカテゴリー語の組み合わせにおいて平均正反応数に有意な差が認められた（「花」と「魚」は$p<.05$、ほかはすべて$p<.01$）。また学年についても、低学年と中学年（$p<.01$）、低学年と高学年（$p<.01$）、中学年と高学年（$p<.01$）のすべての学年間で有意な差がみられた。

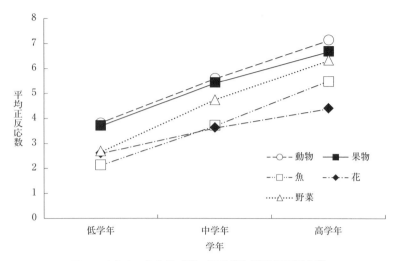

Figure 4-2-1　各カテゴリー語の学年別平均正反応数

　さらに、各学年におけるカテゴリー語の単純主効果と、各カテゴリー語における学年の単純主効果についてもすべて有意であった（$ps<.01$）。多重比較の結果は以下の通りである。
　「魚」では、低学年と中学年（$p<.05$）、低学年と高学年（$p<.01$）、中学年と高学年（$p<.01$）で平均正反応数に有意な差が認められた。「果物」では、低学年と中学年（$p<.01$）、低学年と高学年（$p<.01$）で平均正反応数に有意な差が認められた。「動物」では低学年と中学年（$p<.01$）、低学年と高学年（$p<.01$）、中学年と高学年（$p<.01$）で平均正反応数に有意な差が認められた。「花」では低学年と高学年で平均正反応数に有意な差が認められた（$p<.01$）。「野菜」では低学年と中学年（$p<.01$）、低学年と高学年（$p<.01$）で平均正反応数に有意な差が認められた。
　「低学年」においては、「魚」と「果物」（$p<.01$）、「魚」と「動物」（$p<.01$）、「魚」と「花」（$p<.01$）、「魚」と「野菜」（$p<.01$）、「果物」と「花」（$p<.01$）、「果物」と「野菜」（$p<.01$）、「動物」と「花」（$p<.01$）、「動物」

と「野菜」（$p<.01$）において平均正反応数に有意な差が認められた。「中学年」では、「魚」と「果物」（$p<.01$）、「魚」と「動物」（$p<.01$）、「魚」と「野菜」（$p<.01$）、「果物」と「動物」（$p<.05$）、「果物」と「花」（$p<.01$）、「果物」と「野菜」（$p<.01$）、「動物」と「花」（$p<.01$）、「動物」と「野菜」（$p<.01$）、「花」と「野菜」（$p<.01$）において平均正反応数に有意な差が認められた。「高学年」では、「魚」と「果物」（$p<.01$）、「魚」と「動物」（$p<.01$）、「魚」と「花」（$p<.01$）、「魚」と「野菜」（$p<.01$）、「果物」と「動物」（$p<.01$）、「果物」と「花」（$p<.01$）、「果物」と「野菜」（$p<.05$）、「動物」と「花」（$p<.01$）、「動物」と「野菜」（$p<.01$）、「花」と「野菜」（$p<.01$）において平均正反応数に有意な差が認められた。

2．年齢区分別平均誤反応数

各カテゴリー語に対する反応について、新版K式発達検査2001の「名詞列挙」の正答基準で分類した場合における、学年別平均誤反応数をFigure 4-2-2に示す。

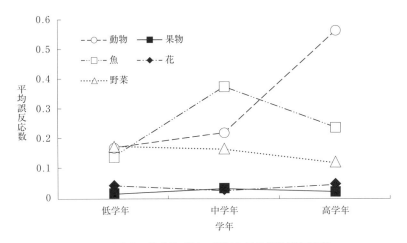

Figure 4-2-2　各カテゴリー語における平均誤反応数

誤反応数について3（学年：低学年・中学年・高学年）×5（カテゴリー語：魚・果物・動物・花・野菜）の2要因分散分析（混合計画）の結果、学年とカテゴリー語の主効果と、交互作用が認められた（順に、$F_{(2,591)}=9.8$, $p<.01$, $\eta^2_p=.03$；$F_{(4,2364)}=52.7$, $p<.01$, $\eta^2_p=.02$；$F_{(8,2364)}=13.7$, $p<.01$, $\eta^2_p=.02$）。カテゴリー語について多重比較を行った結果、「魚」と「果物」（$p<.01$）、「魚」と「花」（$p<.01$）、「魚」と「野菜」（$p<.05$）、「果物」と「動物」（$p<.01$）、「果物」と「野菜」（$p<.01$）、「動物」と「花」（$p<.01$）、「動物」と「野菜」（$p<.01$）、「花」と「野菜」（$p<.01$）の間で平均誤反応数に有意な差が認められた。また学年について多重比較を行った結果、低学年と中学年（$p<.05$）、低学年と高学年（$p<.01$）の間で有意な差がみられた。

さらに、各学年におけるカテゴリー語の単純主効果を調べた結果、いずれの学年においてもカテゴリー語の単純主効果は有意であった（$ps<.01$）。また、各カテゴリー語における学年の単純主効果について調べた結果、「動物」における学年の単純主効果が有意であった（$ps<.01$）。多重比較の結果、「動物」では低学年と高学年（$p<.05$）、中学年と高学年（$p<.05$）で平均誤反応数に有意な差が認められた。

「低学年」においては、「魚」と「野菜」以外のすべてのカテゴリー語間で平均誤反応数に有意差がみられた（$ps<.01$）。「中学年」では、「動物」と「野菜」、「花」と「果物」を除くすべてのカテゴリー語間で平均誤反応数に有意差がみられた（$ps<.01$）。「高学年」ではすべてのカテゴリー語間で平均誤反応数に有意差がみられた（$ps<.01$）。

各カテゴリー語における誤反応の内容と反応数をTable 4-2-1に示す。

カテゴリー語によって、誤反応の種類や反応数が異なることが確認された。また、「動物」は誤反応数が増えるとともに種類も増加する、「魚」は反応数に関わらず同程度の種類がみられる、「果物」と「花」は全体に種類、反応数とも少ないなど、カテゴリー語によって異なる傾向が確認された。

また誤反応の内容については、「魚」では主として魚類以外の水生生物が

Table 4-2-1　各下位項目に対する誤反応の一覧

項目	低学年 反応	反応数	中学年 反応	反応数	高学年 反応	反応数
魚	たこ	4	いか	21	たこ	9
	イルカ	2	たこ	16	いか	9
	さかな	2	くじら	15	くじら	8
	あわじ	1	いくら	4	えび	4
	いか	1	シャチ	4	シャチ	2
	いくら	1	イルカ	3	イルカ	1
	えび	1	えび	3	うに	1
	おたまじゃくし	1	あかさかな	2	おっさん	1
	かめ	1	うに	2	くさや	1
	くじら	1	さかな	2	くろざかな	1
	するめいか	1	ニモ	2	ジョーズ	1
	みりんぼし	1	かに	1	だいおういか	1
	ニモ	1	にぼし	1	ニモ	1
	他5種		他3種		他3種	
果物	くだもの	1	ハンバーグ	1	フルーツ	1
			ブラックホール	1	アロエ	1
			タピオカ	1		
			フルーツ	1		
			なす	1		
動物	ペンギン	9	ペンギン	12	ペンギン	21
	とり	6	ワニ	6	とり	17
	ワニ	4	へび	5	ダチョウ	9
	かめ	3	とり	4	へび	9
	へび	3	フラミンゴ	4	ワニ	9
	フクロウ	2	かめ	3	人間・人	6
	カラス	1	ダチョウ	3	インコ	3
	キツツキ	1	クジャク	2	ニワトリ	3
	くずり	1	アヒル	1	フラミンゴ	3
			イグアナ	1	かめ	2
			インコ	1	カメレオン	2
			キジ	1	フクロウ	2
			タカ	1	カエル	1
			ひよこ	1	金魚	1
			他2種		他17種	

花	クローバー	2	さるすべり	1	イチョウ	2
	桃の木	1	黄色い花	1	火花	1
	チンパンジー	1	綿毛	1	もみじ	1
	落ち葉	1	イチゴの実	1	へちまたわし	1
	もみじ	1			さくらます	1
					ハエトリグサ	1
野菜	しいたけ	13	きのこ	10	しめじ	5
	サラダ	4	しいたけ	4	きのこ	4
	肉	3	まつたけ	3	しいたけ	3
	わかめ	2	しめじ	2	つまみな	2
	たまご	2	豆腐	2	もみたけ	2
	しめじ	2	まいたけ	2	生野菜	1
	きのこ	2	えのき	1	サラダ	1
	トラック	1	こんにゃく	1	なまいも	1
	豆腐	1	サラダ	1	みかん	1
	きりん	1	他9種		八宝菜	1

多くみられた。また、「動物」では鳥類や爬虫類が多くみられ、学年が上がるにしたがって両生類や魚類、人間を含む反応が出現しており、「動物」に包括される概念がより広範なものとして理解されるようになってきていることがうかがえた。「野菜」についてはきのこ類の名称が多くみられた。

考察

1．下位項目の適切性

　カテゴリー語によって、正反応数や学年が上がることによる反応数の増加の傾向が異なった。「動物」、「果物」は他のカテゴリー語と比べて正反応数が多く、「魚」や「花」は他のカテゴリー語と比べて正反応数が少なかった。また、学年が上がることによる正反応数の増加については、「花」は他のカテゴリー語に比べると増加が緩やかであった。ただし、学年による差については、筆記技能や筆記速度が影響しており、項目のよる差については提示順序の影響が含まれるため、研究2-1の結果についてはあくまでもこれらの影

響を加味して項目ごとの大まかな反応傾向を把握するにとどめる必要がある。

　一方、誤反応についてもカテゴリー語によって、誤反応数や学年が上がることによる反応数の増減の傾向が異なった。「果物」、「花」についてはいずれの学年においても誤反応はほとんど見られなかった。「魚」と「動物」の誤反応が最も多く、次に「野菜」で誤反応が多くみられた。「野菜」は学年が上がっても誤反応はほぼ一定であった。「魚」は低学年から中学年に向けて上昇したのち、中学年から高学年に向けては減少した。一方で「動物」においては、学年が上がるにしたがって誤反応数が増加する傾向であった。誤反応の具体的な反応内容から考えると、学年が上がるにしたがって、「動物」の概念の中に「人間」をはじめとする多様な種が含まれるということを理解するようになり、「名詞列挙」の「獣、動物」の下位項目の正答基準である「人間以外の哺乳類」という基準から乖離する傾向が見られた。新版K式発達検査における項目の妥当性は発達曲線に依っている（生澤・中瀬・松下, 1985）。つまり、発達的に成熟するにつれて正反応の割合が増加することが重要であるが、「獣、動物」の下位項目はこれを満たしていないと考えられる。そのため、「獣、動物」の下位項目は、発達検査における下位項目としては適さない可能性が示唆された。誤反応数の学年による変化については効果量が小さかったため、全体的な結果に大きな影響を及ぼすものではないと思われるが、数多くの検査を実施する検査者にとっては一つ一つの反応例について正確に評価するための明確な基準があることは重要であり、やはり発達検査の下位項目としては適切でないと考えられる。

　次に代替のカテゴリー語の候補である「魚」、「野菜」、「花」の利用可能性について検討する。「花」は他のカテゴリー語と比べて、学年が上がることによる正反応数の増加が緩やかであった。また樹木や草も、その成長過程の中で基本的には何らかの花をつけることから、植物全般が正答に含まれる可能性があり、「野菜」や「果物」などの下位項目と基準が重複する可能性も考えられる。そのため、発達検査の下位項目としては利用に適さないものと

考えられる。「野菜」は学年が上がるごとに正反応数が上昇し、誤反応も多くはなかったことから、下位項目として利用できる可能性があると思われる。ただし、「野菜」の概念は広域であり、「果実的野菜」などは、「果物」の概念と重複する部分もある。そのため、「果物」と「野菜」を併用することは、基準が不明確になり、臨床的な利用の中では支障がある可能性も考えられる。「魚」についても、学年が上がるにつれて正反応数が増加することは確認されたがその一方で、誤反応は他のカテゴリー語より多く確認された。誤反応の具体的な反応内容においては、低学年ほど、「イカ」や「タコ」など水生生物を「魚」の概念の中に混入させているが、高学年になると誤答数は減少し、「魚類」を中心とする概念が形成させてくることがうかがえた。そのため、下位項目として利用可能であると思われるが、誤反応が生じやすいことから、正答基準を明確化して示すことが重要になるものと考えられる。

2．誤反応の内容

　一般にカテゴリー判断においては、他の特徴と多くの因果関係をもつ特徴はそれ以外の特徴よりもカテゴリー判断に大きな影響を与える（Rehder & Hastie, 2001）。例えば、「空を飛ぶ」というのは「鳥」の大きな特徴であり、「羽根をもつ」、「樹上に巣をつくる」など他の特徴も、「空を飛ぶ」ことと深く関係している。そのため、「魚」では「水の中で生きている」という特徴が魚の典型的特徴とみなされ、水生生物である「イカ」や「タコ」などが誤反応として混入した可能性が考えられる。同様に「野菜」に関しては、植物全般の特徴である「決まった場所に根をはり、生きる」という特徴から、きのこ類が誤反応として混入した可能性が考えられる。また、分類学的な定義ではないが、きのこ類も八百屋などで取り扱われるという社会的な文脈から「野菜」に定義される場合もある。そのため、子どもにとって経験的に「野菜」に定義されやすいことも、きのこ類が多く出現した要因の一つと考えられる。

研究2-2

目的

　研究2-2では、研究2-1において「名詞列挙」の下位項目として利用可能性が示唆された「魚」について、改訂版における使用を念頭に「名詞列挙」の下位項目としての適切性をさらに検討することとした。また、研究2-1において、「名詞列挙」の下位項目として適さないと考えられた「獣、動物」は研究2-2の対象からは除外した。研究2-2では具体的には、「鳥」、「果物」、「魚」の三つの下位項目からなる「名詞列挙」課題を実施し、各下位項目に対する子どもの反応内容を調べた。また、「魚」を含めた新しい下位項目からなる「名詞列挙」と、新版K式発達検査2001における「名詞列挙」の比較検討を行うことで、新しい下位項目の妥当性についても検討を行った。

方法

　研究2-1において「名詞列挙」の下位項目として利用に適さないと考えられた「獣、動物」の下位項目を削除し、代替として利用可能性が示唆された「魚」を追加した三つの下位項目からなる「名詞列挙」課題を実施した。

対象者

　研究2-2は2015年9月から2016年9月に、京都府、大阪府、滋賀県、兵庫県、長野県、岐阜県、神奈川県、東京都、宮城県、福岡県の保育所や幼稚園、学童保育所等において実施された。対象者は、5歳0か月超から11歳0か月未満の幼児と学童児178名であった。対象者の年齢区分別の人数と平均月齢、月齢の標準偏差を Table 4-2-2 に示す。
　実施手順は新版K式発達検査2001における手続きと同様で（生澤・松下・中瀬, 2002）、各カテゴリー語に属するものの名前を、できるだけ早くたくさ

Table 4-2-2 研究2-2の対象者の年齢区分別の人数と平均月齢・月齢の標準偏差

	5:0-6:0	6:0-7:0	7:0-8:0	8:0-9:0	9:0-10:0	10:0-11:0	計
人数	26	49	38	24	20	21	178
平均月齢	66.7	76.9	89.01	101.2	113.7	125.7	84.9
月齢の標準偏差	4.1	3.08	3.30	4.15	3.36	3.74	18.5

ん述べるように指示をした。制限時間は各30秒で、30秒過ぎた時点で検査者が終了の合図をした。下位項目は（1）鳥、（2）果物、（3）魚の順に実施した。研究2-2はすべて個別で行い、各下位項目に対して30秒間で回答された反応内容を記録し、基準にしたがって正誤の判別を行った。正答基準は研究2-1と同様であった。課題は、臨床心理士、臨床発達心理士の有資格者、あるいは心理学を専攻する大学院生によって実施された。

倫理的配慮

研究2-2は、神戸学院大学研究等倫理審査委員会（承認番号：SEB16-29）の承認を受けて実施された。研究の実施にあたっては、研究の概要、研究協力の中断や辞退の自由、データの使用目的と匿名化の方法について保護者に口頭および文書で説明した上で、研究協力者の自由意思のもと研究協力の同意を得た。

結果

年齢区分ごとの各下位項目の平均正答数を Figure 4-2-3 に示す。

正答数について3（下位項目）×6（年齢区分）の2要因分散分析を行った結果、下位項目と年齢区分の主効果が有意であった（それぞれ、$F_{(2,344)} = 156.6$, $p < .01$, $\eta^2_p = .48$；$F_{(5,172)} = 22.5$, $p < .01$, $\eta^2_p = .40$）。年齢区分について多重比較を行った結果、「5:0-6:0」と「6:0-7:0」（$p < .05$）、「5:0-6:0」と「7:0-8:0」（$p < .01$）、「5:0-6:0」と「8:0-9:0」（$p < .01$）、「5:0-6:0」と「9:

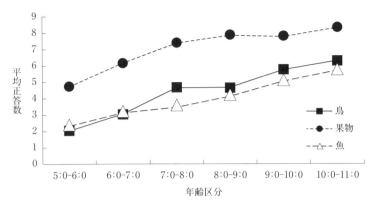

Figure 4-2-3　各下位項目における年齢区分別正答数

0-10:0」（$p<.01$）、「5:0-6:0」と「10:0-11:0」（$p<.01$）、「6:0-7:0」と「7:0-8:0」（$p<.05$）、「6:0-7:0」と「8:0-9:0」（$p<.01$）、「6:0-7:0」と「9:0-10:0」（$p<.01$）、「6:0-7:0」と「10:0-11:0」（$p<.01$）、「7:0-8:0」と「10:0-11:0」（$p<.01$）において有意差が認められた。また、下位項目について多重比較を行った結果、「鳥」と「果物」（$p<.01$）、「果物」と「魚」（$p<.01$）において有意差が認められた。

　次に、新版K式発達検査2001の「名詞列挙」の通過基準によって、本研究の下位項目「鳥」、「動物」、「魚」への反応について、通過、不通過の評価を行った。新版K式発達検査2001における「名詞列挙」の通過基準は、三つの下位項目への正答がすべて5個以上、または三つの下位項目への正答の合計が18個以上のいずれかを満たせば通過と評価するというものである。

　さらに、研究2-2における「鳥」、「果物」「魚」の下位項目からなる「名詞列挙」の妥当性について検討するため、生澤・大久保（2003）の新版K式発達検査2001の「名詞列挙」の年齢区分別通過率（2001版通過率と呼称する）と、本研究の年齢区分別通過率（改訂案通過率と呼称する）の比較を行った。本研究の下位項目による年齢区分別通過率および、新版K式発達検査2001の名詞

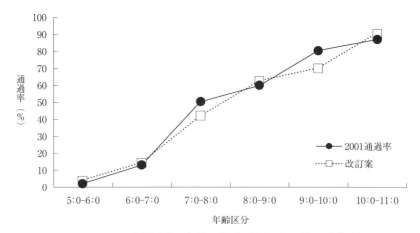

Figure 4-2-4　名詞列挙の年齢区分別通過率（2001版・改定案）

列挙の年齢区分別通過率を Figure 4-2-4 に示す。

通過率について逆正弦変換を用いて 2（版：2001版／改訂案）× 6（年齢区分）の分散分析を行った結果、年齢区分の主効果と（$\chi^2=5358.6$, $p<.01$）、版と年齢の交互作用が有意であった（$\chi^2=45.3$, $p<.01$）。年齢区分の主効果について多重比較を行った結果、すべての年齢区分間で有意差が認められた（$ps<.01$）。また、2001版における年齢区分の単純主効果が有意であり（$\chi^2=799.9$, $p<.01$）、多重比較の結果「7:0-8:0」と「8:0-9:0」、「10:0-11:0」と「11:0-12:0」以外のすべての年齢区分間において通過率に有意差が認められた（$ps<.01$）。また改訂案における年齢区分の単純主効果も有意であり（$\chi^2=719.8$, $p<.01$）、多重比較の結果、「8:0-9:0」と「9:0-10:0」以外のすべての年齢区分間において有意差が認められた（$ps<.01$）。また、各年齢区分における版の単純主効果を調べたところ、「9:0-10:0」における版の単純主効果のみ有意であった（$\chi^2=6.76$, $p<.05$）。

考察

　「名詞列挙」の新しい下位項目である「魚」について年齢区分別平均正答数を調べたところ、既存の下位項目である「鳥」とほぼ類似する結果となることがわかった。また、「魚」に対する平均正答数は年齢が上がるにしたがって増加する傾向にあった。生澤・中瀬・松下（1985）は発達検査の検査項目の妥当性について「発達曲線」を重視している。つまり、発達的に成熟するにしたがって正反応が増加していくことが重要である。本研究で検討した下位項目である「魚」は、その基準を満たしており、発達検査の下位項目として利用可能であると考えられる。

　さらに、「鳥」、「果物」、「魚」の下位項目を用いた本研究の結果と、「鳥」、「果物」、「獣，動物」の下位項目を用いた新版K式発達検査2001の結果を比較し、本研究における「名詞列挙」の下位項目の妥当性について検討した。その結果、本研究と新版K式発達検査2001の「名詞列挙」の通過率は、9歳から10歳の年齢区分においてのみ差がみられたが、全体としてはかなり類似していることがわかった。以上のことから、本研究で検討した「鳥」、「果物」、「魚」の下位項目からなる「名詞列挙」課題は、発達評価においても有効に活用できるものと考えられる。

今後の課題

　研究2で検討してきたように、各下位項目に対してどのような反応を正答とするのかという評価基準を可能な限り明確化することは、非常に重要である。一方で、各下位項目に包括される語というのは必ずしも明確に切り分けられるわけではなく、本研究では「花」や「野菜」の下位項目において評価が困難に思われる反応が散見された。中瀬・西尾（2001）では判断基準を示すためにさまざまな検討や配慮がなされているが、時代とともに社会環境も変化するため、このような検討も常に更新し、時代に合ったものにしていく

必要があると考えられる。また、研究2において個別に課題を実施し反応を収集したのは、研究2-2の178名に限られており、多様な反応を集積し、評価基準を明確化するにはまだ十分とはいえない。今後、さらに反応例の集積を継続し、「反応実例集」等によって基準を明確に示すことが必要である。

第5章 新しい検査項目に関する検討

　第5章では、相対的に検査項目数が少ないと思われる言語・社会領域において、新しい検査項目を設定することで、発達評価の精度の向上と発達評価の観点を充実させることができるかどうかを検討する。第1節では「ふり遊び」課題と「物の手渡し」課題、第2節では「じゃんけん」課題、第3節では「絵並べ」課題の有用性についてそれぞれ検討する。

第1節　発達評価におけるふり遊び課題および　　　　　物の手渡し課題の有用性（研究3）

問題

1.「ふり遊び」を用いた発達評価の意義

　子どもの遊びにはさまざまな発達的な意味が含まれることが知られている。その中でも「象徴遊び」はとくにことばの発達と深く関連していると言われている（Piaget, 1950）。Piagetの認知発達理論においては、認知発達には感覚運動期、前操作期、具体的操作期、形式的操作期という四つの段階があるとされている（Piaget, 1962）。その最初の段階である感覚運動期は主に自分の体や感覚を通じて外界に働きかけ、外界を理解していく段階であると考えられている。この感覚運動期の段階において最後の時期に出現するのが表象である。ここでの表象とは、目の前にないものを思い浮かべることである。この表象の出現が、後にことばや象徴機能を獲得していくことにもつながっていくと考えられている。

　象徴機能とは、あるものを別のもので表現する能力である。この象徴機能

の発達によって遊びの場面で見られるようになるのが「象徴遊び」であり、象徴遊びのもっとも初期に見られるものがふり遊びである（McCune, 1981）。例えば、空の食器とスプーンを用いたふり遊びでは、食器に入れたスプーンを動かし中身をすくう動きによって、あたかもそこに食べ物があるかのように表現をしている。このように現前しない事物（食べ物）を他の事物（動作）で表すことは象徴的活動と言われ、言語機能とも密接に関係している（McCune, 1995；村井, 1987）。つまり、言語機能は「ある事物について音声や文字（別の事物）で代表させている」という点で、象徴機能と共通であり、象徴機能がその基盤にあると考えられている。

　また、象徴機能や表象化能力について、他者認識の発達との関連（小山, 2002）や心の理論の発達との関連も指摘され（Leslie, 1987）、その後も数多くの研究が行なわれている（長橋, 2013；小川・高橋, 2012）。また、小山（2009）は象徴遊びを通して子どもと他者（養育者や支援者）との間に「意味あるもの」が形成されることについて、子どもの他者認識の発達という観点から、療育や発達支援における重要性を指摘している。例えば養育者に食べさせるふりをするような他者へのふり遊びでは、自分の見立てを他者と共有することが必要であり、このような遊びを通して自分と他者との認識世界を重ね合わせていくことが、他者認識につながっていくと考えられている。「ふり遊び」に関する行動観察を通して、子どもの象徴機能の発達について評価することは、言語の発達や、他者理解、社会性の発達を評価する上で非常に有効であると期待される。

　また、新版Ｋ式発達検査の乳幼児期の検査項目については、乳幼児健診において活用される場合も多い。そのため、研究3では乳幼児健診での活用も視野に入れて「ふり遊び」課題の利用可能性について検討する。また、乳幼児健診での活用と関連し、新版Ｋ式発達検査の「絵指示」の項目が1歳6か月児健診で用いられているものの、1歳6か月児には難易度が高い（1歳6か月時点での通過率が低い）ことを考慮し、より難易度が低い課題を作成する

第5章　新しい検査項目に関する検討　65

ことも検討する。具体的には、「物の手渡し」を求める課題であり、絵ではなく具体物を用い、反応は指さしであっても手渡しでもよいという評価基準にすることで、「絵指示」よりも容易な課題になるものと考えた。

なお、本研究では課題を達成したことについて、「正答」あるいは「通過」という表現を用いている。以下、単一の課題の達成については「正答」と表記し、複数の課題からなる一定の基準を達成した場合は「通過」と表記することとする。

研究3-1

目的

　研究3-1では、1歳6か月児健診における利用を念頭に、「ふり遊び」課題の1歳6か月児における正答率・通過率を調べた。発達スクリーニングの目的から考えれば、各課題が1歳6か月児にとって容易すぎても難しすぎてもスクリーニングとしては適切に機能しない。つまり、容易すぎればフォローアップが必要な子どもを見落とす結果となり、難しすぎれば不要な精密健診の実施が増加することになる。発達スクリーニングの課題としては、1歳6か月児の多くは通過し、フォローアップが必要な子どもとその周辺の子どもは通過できない、という難易度になることが理想的である。本研究では、現在の発達スクリーニングに用いられている項目の通過率に基づき、1歳6か月児の概ね75％から90％が達成できる課題が適当であると考えた。研究3-1ではとくに、「ふり遊び」課題について正答率と通過率という観点から発達スクリーニングでの使用に適当かどうかを調べることを目的とした。

方法

「ふり遊び」課題および「物の手渡し」課題の作成

　1歳6か月児健診での使用を念頭に、「ふり遊び」と「物の手渡し」に関

する課題を作成した。発達スクリーニングは保健指導や問診と併せて実施される場合が多いため、課題は机上で実施でき、短時間で、明確な基準で評価できるように考慮した。

作成した課題は「指示理解」、「慣用操作」、「自己へのふり」、「人形遊び」の4種で、「指示理解」が「物の手渡し」課題であり、それ以外の3種が「ふり遊び」に関するものであった。

「指示理解」は、新版K式発達検査の「絵指示」より難易度が低い課題となるように意図して作成した課題である。絵指示では六つの絵が描かれた図版を用いるが、「指示理解」では三つの具体物（スプーン、コップ、積木）を用いることで、より容易な課題になるものと考えた。

「慣用操作」、「自己へのふり」、「人形遊び」の3項目は、McCune (1981) の象徴遊びの水準を基に作成した (Table 5-1-1)。

「慣用操作」はMcCune (1981) の象徴遊びの水準1に相当し、象徴遊びの基盤が備わっているかどうかを評価することをねらいとした。材料としてスプーンとコップを用い、それらの扱い方を観察し、慣用的な操作が見られるかどうかを評価した。「自己へのふり」は水準2に、「人形遊び」は水準3に相当し、象徴機能の発達について段階的に評価することをねらいとした。発達スクリーニングや発達検査の場面では短時間で子どもの行動観察を行う必要があるため、子どものふり遊びが生起しやすいように、いずれも検査者

Table 5-1-1　象徴遊びの水準（McCune, 1981を一部改変）

水準	基　準
1	物の用途や意味を理解していることを示す（慣用操作）。ふりはみられない。
2	自己に関連のある活動のふり遊び（自己へのふり）をする。象徴化は子どもの体に直接関係している。
3-A	人形や他者、または行為の受け手がふり遊びに含まれる（他者や人形へのふり）。
3-B	犬、トラック、電車などの物や他者が活動のふりをする。
4以上	行為やふりの連鎖、関係づけが見られる。

が先にふり遊びをして見せてから、子どもにも同じようにやってみるよう促し、反応を観察するという手順をとった。水準4以上の「ふりや行為の結合」は、語の結合が生じ2語発話が生じてくる前段階であると言われており、1歳6か月児より高い年齢段階の評価内容であると考えられたため、水準4以上に相当する課題は作成しなかった。

対象者

研究3-1は、2012年9月から2012年12月に実施された。対象者は京都府内に設置された2カ所の保健センターで実施される1歳6か月児健診の受診者89名であり、平均年齢は18.0月（およそ1歳6か月）で、最小値は17.1月、最大値は19.9月、標準偏差は0.70月であった。実施に際しては、保護者に研究の主旨を文書で説明し、文書または口頭で同意を得た。実施場所は、各保健センターの問診会場であり、保護者同席で健診スタッフが課題を実施した。健診スタッフの職種は心理専門職であった。

実施手順

京都府内に設置された2カ所の保健センターで実施された1歳6か月児健診において、「指示理解」、「慣用操作」、「自己へのふり」、「人形遊び」の課題を試験的に実施した。

課題は「指示理解」、「慣用操作」、「自己へのふり」、「人形遊び」の順で実施した。「指示理解」の課題は、材料としてスプーン、積木、コップを用い、「スプーンはどれ？」、「スプーン、ちょうだい」という検査者の指示に応じて、子どもが物を指さす、あるいは検査者に物を手渡すことができるかどうかを観察した。スプーンへの反応の成否にかかわらず、コップと積木についても同様の指示をし、指示に応じて物を指さすか検査者に手渡すことができるかを観察した。また、1歳6か月児健診における発達スクリーニング課題（積木積み、絵カードの指示）も実施し、結果を記録した。

「慣用操作」と「自己へのふり」は、同一の手続きで実施した。検査者がスプーンとコップを用いて、①スプーンをコップに入れてかき混ぜる、②スプーンを口に近づけて食べるまねをする、③「おいしい」と発声する、という一連のふりをしてみせ、子どもにも同じようにするよう促し、反応を観察した。評価対象とした反応の内容は、（A）スプーンをコップに入れる、（B）スプーンをかき混ぜるように動かす、（C）スプーンを口元に持っていく、（D）唇を動かす、（E）「おいしい」などの発声を行う、（F）コップを口元に持っていく、の6種類であった。

「慣用操作」については、Aに加えて、B、C、Fのいずれかを行えば、「慣用操作」を通過と判断することとした。次に「自己へのふり」については、AとCに加えてB、D、Eのいずれかを行うか、AとFに加えてD、Eのいずれかを行えば、「自己へのふり」を通過と判断することとした。これらは生澤（1999）が用いた基準であり、課題への反応を効率的に分類し、「慣用操作」や「自己へのふり」の評価が行えるように工夫されている。例えばCの「スプーンを口に入れる」という反応が見られた場合、感覚的な探索の結果としてスプーンを口に含んだとも考えられる。そのため、（A）スプーンをコップに入れる、という反応が併せて観察されたかどうかを確認することで、評価を区別できるようにした。

「人形遊び」では検査者が人形を使ってふりを見せ、子どもにも同じようにするように促した。課題は「マンマ」、「イイコ」、「ネンネ」があり、「マンマ」では検査者がスプーンを用いて人形に食べさせるふりを行い、「イイコ」では検査者が人形の頭をなで、「ネンネ」では検査者が人形に布をかけて寝かしつけるふりをして見せた。その後、子どもにも同じようにするように促し、それぞれの課題に対応した人形へのふりが見られた時に正答と評価した。

結果

1. 指示理解

「指示理解」の課題では、スプーン、コップ、積木について、それぞれ指示された物を指さすか手渡すことができたときに、正答と評価した。正答率は、スプーンは41.5%、コップは12.4%、積木は15.7%であった（Figure 5-1-1）。スプーン、コップ、積木の正答率について Cochran の Q 検定を行った結果、正答率に有意差がみられた。$(Q(2, N=89) = 34.7, p<.01)$ 多重比較の結果、スプーンとコップ（$p<.01$）、スプーンと積木（$p<.01$）の正答率に有意差がみられた。最も正答率が高いスプーンでも正答率は50%に満たず、コップと積木はさらに低い正答率であった。

2. 慣用操作・自己へのふり

「慣用操作」と「自己へのふり」は同じ手続きの中で、子どもの反応を観察し評価した。検査者がスプーンとコップを用いてふりをして見せ、子どもにも同じようにやってみるように促した。評価対象とした反応の出現率は、

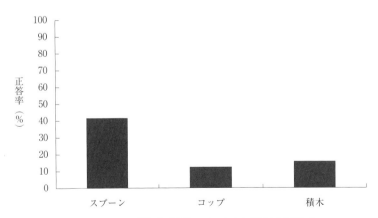

Figure 5-1-1 「指示理解」における各設問の正答率

A「スプーンをコップに入れる」が83.1%、B「スプーンをかき混ぜるように動かす」が71.9%、C「スプーンを自分の口元に持っていく」が53.9%、D「唇を動かす」が9.0%、E「おいしいなどの発声を行う」が4.5%、F「コップを自分の口元に持っていく」が5.6%であり、反応の種類によって出現率に大きな差があった（Table 5-1-2）。各反応の出現率について Cochran の Q 検定を行った結果、出現率に有意な差がみられた（$Q(2, N=89) = 251.9, p<.01$）。また、多重比較を行った結果、AとB（$p<.01$）、AとC（$p<.01$）、AとD（$p<.01$）、AとE（$p<.01$）、AとF（$p<.01$）、BとC（$p<.01$）、BとD（$p<.01$）、BとE（$p<.01$）、BとF（$p<.01$）、CとD（$p<.01$）、CとE（$p<.01$）、CとF（$p<.01$）の間で出現率に有意な差がみられた。

また、「慣用操作」の基準を通過した者の割合は77.5%、「自己へのふり」の基準を通過した者の割合は47.2%であり、「慣用操作」の通過率は発達スクリーニングへの適用の基準とした75%を超えていたが、「自己へのふり」は50%に満たなかった（Figure 5-1-2）。「慣用操作」と「自己へのふり」の通過率について χ^2 検定を行った結果、通過率に有意な差がみられた（$\chi^2(1, N=89) = 25.0, p<.01$）。

Table 5-1-2 「慣用操作」「自己へのふり」の各反応の出現率

反応	出現率（%）
A：スプーンをコップに入れる	83.1
B：スプーンをかき混ぜるように動かす	71.9
C：スプーンを自分の口元に持っていく	53.9
D：唇を動かす	9.1
E：「おいしい」などの発声を行う	4.5
F：コップを自分の口元に持っていく	5.6

第5章　新しい検査項目に関する検討　71

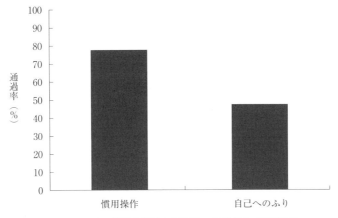

Figure 5-1-2　「慣用操作」「自己へのふり」の通過率

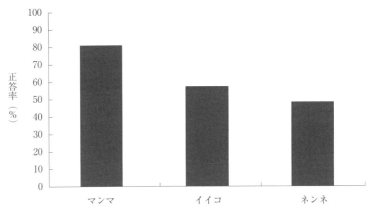

Figure 5-1-3　「人形遊び」の各設問の正答率

3．人形遊び

　「人形遊び」では検査者が人形を使ってふりを見せ、子どもが同じように人形に対してふりを行うかを観察した。各問の正答率は、「マンマ」は80.1％、「イイコ」は57.3％、「ネンネ」は48.3％であった。課題によって正

答率に差があり、「マンマ」の正答率は発達スクリーニングへの適用の基準とした75％を超えていたが、「イイコ」や「ネンネ」は50％前後に留まった（Figure 5-1-3）。「マンマ」、「イイコ」、「ネンネ」の正答率について Cochran の Q 検定を行った結果、出現率に有意な差がみられた（$Q(2, N=89) = 30.6, p < .01$）。また、多重比較を行った結果、「マンマ」と「イイコ」（$p < .01$）、「マンマ」と「ネンネ」（$p < .01$）の間で正答率に有意な差がみられた。

考察

研究3-1では、89名の子どもを対象に個別に「ふり遊び」課題を実施し、各課題の1歳6か月児における達成度についての結果を得ることができた。「慣用操作」や「人形遊び」の「マンマ」については、75％以上の子どもが達成していたが、その一方で、「指示理解」や「自己へのふり」、「人形遊び」の「イイコ」や「ネンネ」は正答率が50％にも満たず、課題によって正答率には大きな差があった。

以下、研究3-1の結果について課題ごとに考察する。

1．指示理解

一般的に言語発達においては、まず具体物の名称の理解が先行し、具体物における理解語彙が増えてきてから絵本や絵カードなどに描かれた対象にも関心を示すと言われている（小山，2002）。この順序性から考えれば、具体物を用いる「指示理解」と、絵が描かれた図版を用いた指示課題では、「指示理解」の方が容易になると想定していた。今回、通常の発達スクリーニングとして絵カードを用いた指示課題（新版K式発達検査の「絵指示」とは異なる）も実施していたが、絵カードの課題では正答しているのに「指示理解」には正答しないケースも複数見られ、具体物を用いることで課題が容易になるという見込みのとおりにはいかなかった。

このような結果となった要因については、子どもの反応から考えると、多

くの子どもは机上にスプーン、コップ、積木が提示されると自発的に関心を持って用具に触れ、「スプーンはどれ？」などの検査者の声かけが耳に入っていない様子だったり、何か言われていることには気づいても今触れている物の操作の方を優先したりする素振りが見られた。Miyake, Friedman, Emerson, Witzki, Howerter, & Mager（2000）は、実行機能の要素の一つに抑制（Inhibition）を挙げている。操作可能な具体物という、1歳児にとって刺激価の高いものが提示された場面で、「スプーンはどれ？」などの指示に応答するには、言語理解だけでなく抑制や注意の切り替えなども必要になり、結果的に1歳6か月児にとっては、絵を用いた指示課題よりも応答することが難しくなったのではないかと考えられる。

2．慣用操作・自己へのふり

「慣用操作」の通過率は77.5％で、1歳6か月児の多くが通過する課題であり、1歳6か月児の発達スクリーニングに利用可能性があることが示唆された。一方、「自己へのふり」は、通過率が50％を下回り、1歳6か月児には困難な課題であった。ただ、この結果は、1歳6か月児では象徴遊びが「自己へのふり」の水準に達していないということを意味するのではない。象徴遊びの水準としてはより高度である「人形遊び」よりも通過率が低かったことから、象徴遊びの水準の問題ではなく、今回設定した課題状況の中では「自己へのふり」が観察されにくい要因があったと考える方が適当であると考えられる。

3．人形遊び

「人形遊び」では「マンマ」と「イイコ」、「ネンネ」で正答率が異なり、「マンマ」は比較的正答率が高く80.9％であったが、「イイコ」と「ネンネ」は50％前後であった。正答率の差が生じている要因は課題内容の差にあると考えられ、用具の有無や種類、日常経験としての理解の程度の差などが影響

した可能性が考えられる。ここで結論を出すことはできないが、少なくとも「マンマ」については、1歳6か月児のスクリーニングにおける利用可能性があると考えられる。

今後の課題

　「指示理解」、「慣用操作」、「自己へのふり」、「人形遊び」について1歳6か月児における反応を調べた結果、1歳6か月児健診のスクリーニングでの利用可能性について検討することができた。一方でいくつかの検討課題が示された。「慣用操作」や「人形遊び」は1歳6か月児健診における利用可能性があるが、その後のフォローアップにおいても利用可能かどうかを調べる必要がある。具体的には経過観察が行われる2歳代や、次の健診が実施される3歳代まで調べることが必要と考えられる。

　また、「指示理解」については1歳6か月児健診での利用には適さなかったが、子どもの発達について「抑制」などの観点から評価する課題として利用できる可能性がある。「慣用操作」や「人形遊び」と同様、より広範な年齢区分における利用可能性を調べる必要があると考えられる。

　「自己へのふり」については、1歳6か月児健診での利用には適さなかった。課題内容に何らかの要因があることが考えられる。実際の子どもの反応としても、「自己へのふり」については子どもが反応を躊躇したり、首を振って用具に手を出さないケースも見られ、課題状況が理解しにくかったり、慣れない他者との間で遊びを展開しにくい状況であった可能性が考えられる。これが1歳6か月時点でとくに見られることなのか、どの年齢の子どもにも共通することなのかという点について、さらに精査する必要があると考えられる。

　以上の理由から、次の研究3-2においては、より広範な年齢の子どもを対象にこれらの課題を実施し、通過率や正答率、子どもの反応について精査することで、乳幼児健診における利用可能性についてさらに検討することとした。

研究3-2

目的

　研究3-1の結果を受け、研究3-2では「ふり遊び」課題が1歳6か月健診以後のフォローアップや、発達検査の検査項目としても利用可能かどうかを検討することを目的とした。具体的には、「指示理解」、「慣用操作」、「自己へのふり」、「人形遊び」の四つの課題を、より広範な年齢区分の子どもを対象に実施し、それぞれの課題について、乳幼児健診や発達評価における利用可能性を検討した。

方法

　研究3-2は、2014年2月から2015年10月に実施された。研究3-1とは別に、新たに0歳8か月から3歳までの子ども112名を対象に、「指示理解」、「慣用操作」、「自己へのふり」、「人形遊び」の四つの課題を個別に実施した。対象としたのは京都府と兵庫県の保育所および大阪府の子育てひろば等に通う子どもで、事前に保護者に研究の目的を文書で説明し、口頭または書面で同意を得た。実施場所は保育所や子育てひろばの会場にある個室で、保護者または保育者が同席のもと実施した。対象となった子どもの年齢区分別の人数と平均月齢、月齢の標準偏差を Table 5-1-3 に示した。年齢区分は新版K式発達検査2001の区分に準じた。人数は、最も少ない区分では9名、最も多い区分は20名となり、年齢区分によって人数に差が生じ、男女比についても各年齢区分で均等ではなかった。ただ、結果に極端な差は見られなかったため今回の検討では男女差は考慮しなかった。年齢区分ごとの人数の違いについても、全体的な通過率の傾向を確認する上では大きな支障はないものと考えた。

　各課題の実施手順は研究3-1と同様であるが、「指示理解」と「人形遊び」の評価の基準を変更した。「指示理解」について、研究3-1の各設問の正答率

Table 5-1-3 研究3-2の対象児の年齢区分と人数、平均月齢

年齢区分	0:8～1:0	1:0～1:3	1:3～1:6	1:6～1:9	1:9～2:0	2:0～2:3	2:3～2:6	2:6～3:0
人数	12	9	15	21	18	11	14	12
平均月齢（月）	10.1	13.9	16.9	20.0	22.4	25.8	28.4	32.9
月齢の標準偏差	1.46	0.86	1.07	23.6	0.78	0.99	0.82	1.89

を比較すると「スプーン」が比較的高い結果となっていたが、スプーン、コップ、積木の三つを提示した際、子どもが最初にスプーンを自発的に掴むことが多く、その後「スプーンはどれ？」、「スプーンちょうだい」と指示された結果、「ちょうだい」の部分のみに反応してスプーンを検査者に手渡した反応が正答に含まれた可能性がある。そこで単一の課題に対する正否ではなく複数課題から構成した基準で評価することとした。具体的には「指示理解」の設問について、3問中2問以上に正答した場合に、「指示理解」の課題に適切に応答できたものとして、「指示理解2/3」を通過と評価することとした。

「人形遊び」については、研究3-1では「マンマ」が最も正答率が高かった。「マンマ」が一番身近なふりであり理解しやすかったという要因もあると思われるが、食べさせるふりが気に入って他のふりには応じないケースも見られ、課題の順序の影響もあるものと考えられる。そこで、少なくともいずれかのふりを行った場合、「人形遊び1/3」を通過として評価することとした。また、とくに1歳前後の低年齢の子どもにおいて、「マンマ」をふりとして行ったのか、ふりの意図はないままスプーンを人形の顔付近に打ち付けているのかの判別が難しい反応も一部でみられた。そこで、3問中2問以上正答であった場合、確実にふりとして行っていると考え、「人形遊び2/3」を通過と評価することとした。

結果

1. 指示理解

　すべての年齢群の対象者を込みにして、下位課題ごとに全体の平均正答率を算出したところ、「スプーン」は60.7%（$SD=0.49$）、「コップ」は52.7%（$SD=0.50$）、「積木」は48.2%（$SD=0.51$）であった。これらの正答率についてCochranのQ検定を行った結果、課題の正答率に有意な差が認められた（$Q(2, N=112)=14.4, p<.01$）。また多重比較の結果、「スプーン」と「コップ」において有意な差がみられた（$p<.01$）。

　次に、年齢区分ごとに同様のデータ整理を行ったものをFigure 5-1-4に示す。また、各年齢区分における下位課題間の正答率の高低に関するCochranのQ検定および多重比較を行なった結果、「1:6-1:9」の年齢区分において有意な差がみられ（$Q(2, N=112)=11.2, p<.01$）、多重比較の結果、「スプーン」と「コップ」（$p<.01$）、「スプーン」と「積木」（$p<.05$）の間で有意な差がみられた。

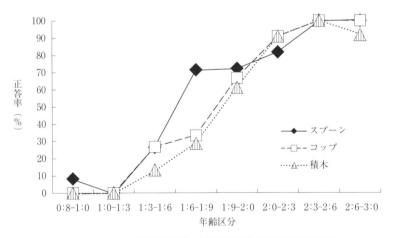

Figure 5-1-4　「指示理解」の各設問の年齢区分別正答率

Table 5-1-4 「スプーン」、「コップ」、「積木」の年齢区分別の正答率についての調整済み残差

課題	0:8-1:0	1:0-1:3	1:3-1:6	1:6-1:9	1:9-2:0	2:0-2:3	2:3-2:6	2:6-3:0
スプーン	−3.9**	−3.9**	−2.9**	1.1	1.1	1.5	3.2**	2.9**
コップ	−3.9**	−3.3**	−2.2*	−2.0*	1.3	2.7**	3.8**	3.5**
積木	−3.5**	−3.0**	−2.9**	−2.0*	1.2	3.0**	4.1**	3.2**

*$p<.05$ **$p<.01$

　また、「スプーン」と「コップ」、「積木」について年齢区分間で正答率に差がみられるかどうかについてχ^2検定を行った結果、「スプーン」($\chi^2=55.9$, $p<.01$)、「コップ」($\chi^2=61.8$, $p<.01$)、「積木」($\chi^2=68.4$, $p<.01$)において、正答率に有意な差がみられた。年齢区分別正答率について、残差分析による多重比較の結果を Table 5-1-4 に示す。

　いずれの下位課題においても、進齢とともに正答率が上昇していく傾向がみられた。スプーンは1歳3か月以降に、コップと積木は1歳6か月以降に正答率が上昇し、「2:3-2:6」の年齢区分では正答率は100％に到達した。「1:6-1:9」の年齢区分においてのみ「スプーン」の正答率が高くなっていたが、他の年齢区分では差は見られなかった。

　次に「指示理解2/3」の年齢区分別通過率を Figure 5-1-5 に示す。また、「指示理解2/3」において年齢区分間で通過率に差がみられるかどうかについてχ^2検定を行った結果、有意な差がみられた($\chi^2=64.0$, $p<.01$)。残差分析による多重比較の結果を Table 5-1-5 に示す。

　「指示理解2/3」で評価した場合でも、進齢とともに通過率が上昇する傾向がみられた。1歳3か月から通過率が上昇しはじめ、「2:3-2:6」の年齢区分では通過率が100％に到達していた。

2．慣用操作、自己へのふり

　すべての年齢群の対象者を込みにして、全体の平均通過率を算出したとこ

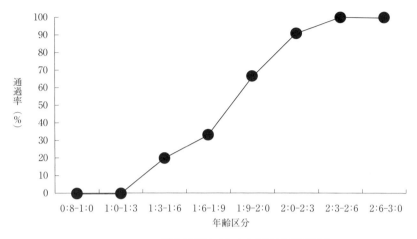

Figure 5-1-5 「指示理解2/3」の年齢区分別通過率

Table 5-1-5 「慣用操作」の年齢区分別の正答率についての調整済み残差

年齢区分	0:8-1:0	1:0-1:3	1:3-1:6	1:6-1:9	1:9-2:0	2:0-2:3	2:3-2:6	2:6-3:0
指示理解 2/3	−3.8**	−3.2**	−2.6**	−1.9	1.4	2.7**	3.9**	3.5**

*$p<.05$　**$p<.01$

ろ、「慣用操作」は65.1%（$SD=0.48$）、「自己へのふり」は34.8%（$SD=0.48$）であった。これらの正答率についてχ^2検定を行った結果、通過率に有意な差が認められた（$\chi^2(1, N=112)=32.0, p<.01$）。「慣用操作」、「自己へのふり」について、各年齢区分における通過率をFigure 5-1-6に示す。

また、「慣用操作」と「自己へのふり」において年齢区分間で正答率に差がみられるかどうかについてχ^2検定を行った結果、「慣用操作」（$\chi^2=22.2, p<.01$）においては正答率に有意な差がみられたが、「自己へのふり」では有意差はみられなかった。「慣用操作」の年齢区分別正答率について、残差分析による多重比較の結果をTable 5-1-6に示す。

年齢区分ごとに「慣用操作」と「自己へのふり」の通過率についてχ^2検

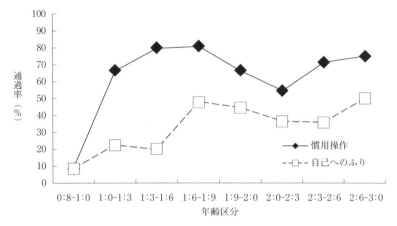

Figure 5-1-6 「慣用操作」「自己へのふり」の年齢区分別通過率

Table 5-1-6 「慣用操作」の年齢区分別の正答率についての調整済み残差

年齢区分	0:8-1:0	1:0-1:3	1:3-1:6	1:6-1:9	1:9-2:0	2:0-2:3	2:3-2:6	2:6-3:0
慣用操作	−4.4**	0.1	1.3	1.7	0.1	−0.8	0.5	0.8

*$p<.05$ **$p<.01$

定を行った結果、「1:3-1:6」（$p<.01$）、「1:6-1:9」（$p<.05$）の年齢区分において有意な差がみられた。進齢に対する通過率の変化については、「慣用操作」、「自己へのふり」ともに、一貫した上昇傾向を示さなかった。また、「慣用操作」、「自己へのふり」ともに、3歳までの時点では通過率が100％まで達しなかった。

3．人形遊び

　すべての年齢群の対象者を込みにして、下位課題ごとに全体の平均正答率を算出したところ、「マンマ」は74.1％（$SD=0.44$）、「イイコ」は53.6％（$SD=0.50$）、「ネンネ」は50.0％（$SD=0.50$）であった。これらの正答率につ

いてCochranのQ検定を行った結果、課題の正答率に有意な差が認められた（$Q(2, N=112)=26.5, p<.01$）。また多重比較の結果、「マンマ」と「イイコ」（$p<.01$）、「マンマ」と「ネンネ」（$p<.01$）において有意な差がみられた。

次に、年齢区分ごとに同様のデータ整理を行ったところ、「1:3-1:6」（$Q(2, N=15)=8.7, p<.05$）、「1:6-1:9」（$Q(2, N=21)=15.2, p<.01$）の年齢区分において下位課題の正答率に有意な差がみられた。多重比較の結果、「1:3-1:6」の年齢区分においては、「マンマ」と「ネンネ」、「1:6-1:9」の年齢区分においては「マンマ」と「イイコ」、「マンマ」と「ネンネ」の間で正答率に有意な差がみられた。

「人形遊び」について、「マンマ」、「イイコ」、「ネンネ」の各問の年齢区分別正答率をFigure 5-1-7に示す。また、「マンマ」と「イイコ」、「ネンネ」について年齢区分間で正答率に差がみられるかどうかについてχ^2検定を行った結果、「マンマ」（$\chi^2=43.4, p<.01$）、「イイコ」（$\chi^2=29.4, p<.01$）、「ネンネ」（$\chi^2=33.9, p<.01$）において、正答率に有意な差がみられた。「マン

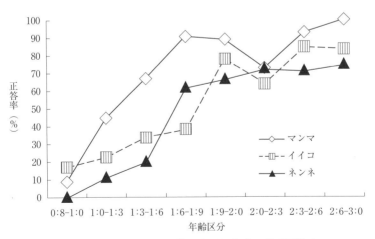

Figure 5-1-7 「人形遊び」の各問の年齢区分別正答率

Table 5-1-7 「マンマ」、「イイコ」、「ネンネ」の年齢区分別の正答率についての調整済み残差

年齢区分	0:8-1:0	1:0-1:3	1:3-1:6	1:6-1:9	1:9-2:0	2:0-2:3	2:3-2:6	2:6-3:0
マンマ	−5.5**	−2.1*	−0.7	1.9	1.6	−0.1	1.7	2.2*
イイコ	−2.7**	−2.0*	−1.7	−1.6	2.2*	0.7	2.6**	2.2*
ネンネ	−3.7**	−2.4*	−2.5*	1.2	1.5	1.6	1.7	1.8

*$p<.05$ **$p<.01$

マ」、「イイコ」、「ネンネ」の年齢区分別正答率について、残差分析による多重比較の結果を Table 5-1-7 に示す。

　各下位課題とも、進齢とともに正答率が上昇する傾向がみられた。またいくつかの年齢区分において、「マンマ」の正答率が「イイコ」、「ネンネ」と比べて有意に高かった。

　「マンマ」の正答率は1歳未満で8.3%であったが、1歳6か月～1歳9か月の年齢区分では90%に、2歳6か月以降は100%に達した。「イイコ」と「ネンネ」も同様に1歳未満から通過率はほぼ一貫し上昇していたが、3歳までの時点で100%には達しなかった。

　さらに「人形遊び1/3」、「人形遊び2/3」の年齢区分別通過率を Figure 5-1-8 に示す。また、「人形遊び1/3」と「人形遊び2/3」において年齢区分間での正答率に差がみられるかどうかについてχ^2検定を行った結果、「人形遊び1/3」（$\chi^2=45.0$, $p<.01$）、「人形遊び2/3」（$\chi^2=43.1$, $p<.01$）ともに、正答率に有意な差がみられた。残差分析の結果を Table 5-1-8 に示す。

　「人形遊び1/3」、「人形遊び2/3」とも、年齢が高くなるにしたがって通過率が上昇していく傾向が見られた。ただ、「人形遊び1/3」の通過率は2歳3か月～2歳6か月の年齢区分において100%に達したが、「人形遊び2/3」は100%に近づくものの到達はしなかった。

第 5 章　新しい検査項目に関する検討　83

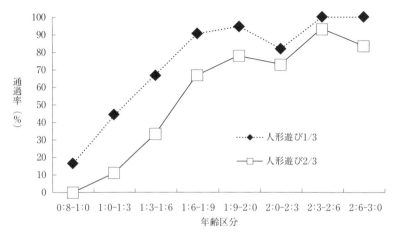

Figure 5-1-8　「人形遊び」の年齢区分別通過率

Table 5-1-8　「人形遊び1/3」と「人形遊び2/3」の年齢区分別の正答率についての調整済み残差

年齢区分	0:8-1:0	1:0-1:3	1:3-1:6	1:6-1:9	1:9-2:0	2:0-2:3	2:3-2:6	2:6-3:0
人形遊び 1/3	−5.4**	−2.5*	−1.1	1.6	1.9	0.3	2.1*	2.0*
人形遊び 2/3	−4.3**	−3.0**	−2.1*	0.9	1.9	1.0	2.8**	1.9

*$p<.05$　**$p<.01$

考察

　「指示理解」、「慣用操作」、「自己へのふり」、「人形遊び」の四つの課題を0歳8か月から3歳までの子ども112名を対象に実施した結果、各課題の年齢区分ごとの正答率、通過率の推移を明らかにすることができた。「指示理解」と「人形遊び」については、1歳から3歳までの間で、進齢とともに通過率がほぼ一貫して上昇傾向を示し、0％から100％近くまで推移していくことが確認できた。一方で、「慣用操作」と「自己へのふり」では、通過率

は一貫した上昇傾向を示さなかった。

　ここでは、これらの結果に基づき、各課題について、1歳6か月児健診の発達スクリーニングやフォローアップの発達評価における利用可能性について検討する。

　生澤・松下・中瀬（1985）は、新版K式発達検査の検査項目について二つの基準により選定を行っていた。一つは、各検査項目が発達の諸側面を総合的に評価できるように配置されているかどうかという点である。この点については、本研究で用いている4種の課題は新版K式発達検査の既存の検査項目にはない「ふり遊び」という観点から発達評価を試みているものであり、この基準を満たしていると考えられる。

　二つ目は、各項目が発達を測定するために適切な内容かどうか、つまり各項目の妥当性という観点である。新版K式発達検査では、各検査項目の妥当性については「通過率曲線」に依って判断している（生澤他, 1985）。具体的には、年齢区分別通過率を算出した場合、ある年齢で通過率が0％だったものが、いずれかの年齢で100％に達することが基本的な基準となる。加えて、0％から100％に達する年齢区分の幅が短ければ短いほど、年齢の要因が大きいことになり、より当該年齢に特有の発達的変化をとらえている項目だと評価することができる。また、進齢に伴う通過率の上昇は一貫した増加傾向である方が望ましく、停滞や上下の蛇行が見られる場合は、年齢以外の要因（情緒的な反応や環境要因、経験の有無など）が影響している可能性がある。

　ここでは、上記の観点に基づき、各課題について乳幼児健診での使用や、検査項目としての利用可能性について検討する。

1．指示理解

　「指示理解2/3」の基準で評価すると、1歳未満から2歳6か月までの間で通過率が0％から100％まで上昇していくことが確認できた。「指示理解2/3」は検査項目の選定基準を満たしており、1歳から2歳代の発達評価に有効な

指標だと思われる。また、通過率が上昇する年齢区分から考えると、1歳6か月児健診以後のフォローアップなどで有効に活用できるのではないかと期待される。

　課題の内容としては言語理解よりも、行動の抑制がポイントとなる課題であると考えられる。課題に応じられる子どもでは、例えば手にスプーンを持っていたとしても、検査者に「コップはどれ？」、「コップちょうだい」と指示されると、持っていたスプーンを置き、コップを指さすか手渡す、というように自分の行動を一旦中断し検査者の指示に応じる様子が見られた。

　Barkley（1997）は抑制について「優位な反応の抑制」、「生起しつつある行動の停止」、「競合する事象の存在下での反応の抑制」があるとするモデルを考えた。「優位な反応の抑制」は、AB課題などで評価される（Topal, Gergely, Miklosi, Erdohegyi, & Csibra, 2008）。AB課題とは、例えば箱Aに玩具を隠し子どもに探させるということを繰り返すと、箱Aを探すという行動が優位となる。その後子どもの目の前で箱Bに玩具を隠した時、優位な反応（箱Aを探す）を抑制して箱Bを探すことができるかどうかを評価する課題である。この「優位な反応の抑制」は1歳未満で獲得される。「指示理解」の課題場面では、スプーンやコップなど日々見慣れたものへの「優位な反応」が生じる可能性があるが、課題に応じるためにはこれを抑制する必要がある。また、自発的に物の操作を始めてしまった後、検査者の指示に応じるためには「生起しつつある行動の停止」をすることも必要である。これは遅延抑制とも呼ばれ、2歳前後に急激に発達すると言われている（Kochanska, 2002）。「指示理解」も同じく1歳後半から2歳にかけて通過率が上昇する結果となっており、抑制の発達と関連している可能性が考えられる。抑制の発達は社会性の発達や心の理論の獲得と関連する（関・松永, 2005）という報告もあり、発達障害の早期発見という観点においても有効な指標であると思われる。今後、抑制の発達との関連も含め、「物の手渡し」課題である「指示理解」がどのような発達の側面を評価しているのかについて、さらに検討を重ねてい

くことが必要である。

2．慣用操作、自己へのふり

「慣用操作」については1歳から1歳6か月頃までは通過率が一貫して上昇する傾向が見られるが、以後は安定した上昇傾向は見られなかった。このことから、継続した発達評価における適切性については疑問がある。しかし、1歳から1歳6か月頃の子どもについては、比較的反応がよく、遊び感覚で実施できる課題であった。

検査項目や課題の内容によって、実施に適する生活年齢上の時期が短い場合がある。例えば新版K式発達検査に階段を「這い登る」という項目があるが、ある年齢からは立って登ることが一般的となり這い登りは観察されなくなる。もちろん、運動能力的には可能であり促されれば実行することもあるが、成熟した方法で対応できるにも関わらずより幼い方法で取り組むよう促されることは、子どもの側に抵抗や拒否感を生む場合もある。実際、1歳前後で「慣用操作」が不通過となる場合、コップを机に打ち付けたりスプーンをなめるなど、提示された物を感覚的に操作する反応が大半であったが、2歳以上では、首を振って課題を拒否したり、提示された物に触れようとしないなど、課題状況にうまくなじめないような反応が見られた。「慣用操作」について、1歳前後から1歳6か月頃までが実施に適する時期だとすると仮定すると、今回の結果をある程度説明できるのではないだろうか。

いずれにせよ健診後のフォローアップも含めた継続的な発達評価での利用には適当とは言えない。しかし、1歳6か月時点での発達評価に限れば利用可能性もあり、また1歳6か月時点で「慣用操作」が見られるかどうかと、その後の発達経過に何らかの関係性が見られれば、発達予測性という点での利用可能性も生じてくる。そのため、今後も継続した検討が必要なものと考える。

「自己へのふり」についても、通過率は一貫した上昇傾向ではなかった。

また、子どもの反応としても戸惑ったり、反応に躊躇したりする様子がみられた。象徴遊びの段階として「自己へのふり」に着目すること自体は意義があるが、「人形遊び」と比べて課題状況の理解が難しく、慣れない他者である検査者との間では「自己へのふり」が遊びとして展開されにくかったのではないかと思われる。発達スクリーニングや発達検査のような課題状況での利用は、困難であると考えられる。

3．人形遊び

「マンマ」、「イイコ」、「ネンネ」の各問とも正答率はほぼ一貫して上昇傾向であり、発達評価の項目として利用可能ではないかと考える。ただ、「イイコ」と「ネンネ」については正答率が100％まで到達せず、「マンマ」についても1歳6か月時点で100％に近づくが、その後90％前後での停滞が見られた。「自己へのふり」ほどではないが、一部の子どもではこの課題場面に対して反応に躊躇する様子が観察され、通過率の停滞の一要因になったものと思われる。より用いやすい課題となるように、課題内容や実施手順等についてさらに吟味する必要があると思われる。

今後の課題

研究3-2では「指示理解」、「慣用操作」、「自己へのふり」、「人形遊び」について、乳幼児健診における利用可能性や、発達検査項目としての適切性について検討してきた。すべての課題が採用可能であったわけではないが、「ふり遊び」に注目し、乳幼児の発達評価に利用可能な項目の候補をいくつか見いだすことができた。新版K式発達検査について言えば、検査用紙第3葉（およそ1歳から3歳代の検査項目が配置されている）では子どもの言語面の発達を評価する「言語・社会領域」の項目が相対的に少ないという課題があり改善を目指していたが（大谷・清水・郷間・大久保，2013）、その実現に向けて具体的成果があったものと考えられる。

一方で、いくつかの検討課題も残された。研究3-2において、各課題の通過率の推移について大まかな傾向を把握することができたが、一部の年齢区分では進齢に対して通過率が減少するなど、通過率が一貫した上昇傾向にはならない場合もあった。年齢区分ごとの対象者数が不十分であったことが影響した可能性もあり、より対象者数を拡充して精査していく必要がある。

また、本研究では発達スクリーニングや発達検査という課題状況での使用を想定したため、検査者が先にふり遊びをしてみせるという手続きを採用した。子どものふり遊びの生起を促し、効率的に行動観察を行うために必要な手続きであったと考えているが、一方で、子どもが単に検査者の行為を機械的に模倣した反応が含まれる可能性は排除できない。このような機械的模倣による反応がどの程度含まれるのかを精査するとともに、実施手順や評価基準についてさらに検討する必要があると考えられる。

また、実際に発達スクリーニングや精密健診で使用することを想定した場合、発達スクリーニングと精密健診で重複して実施されることになるため、練習効果を生む可能性についても考慮する必要があるかもしれない。発達スクリーニングでは既に新版K式発達検査の項目がいくつか用いられている実態もあり、発達スクリーニングでの利用による影響については、課題ごとに慎重に検討していく必要があると思われる。

さらに、今後はそれぞれの課題について1歳6か月時点での成否とその後の発達経過との関連を調べるなど、項目の発達予測性という観点からも検討を重ねる必要がある。

第2節　発達評価におけるじゃんけん課題の有用性（研究4）

研究3では、「ふり遊び」の観点から、主として乳幼児期の象徴機能の発達と、その背後にある対人・社会面の発達を評価することを試みた。「ふり遊び」課題は乳幼児期の発達評価において一定の利用可能性があると考えら

れるが、評価が可能なのは発達的に 3 歳頃までと考えられ、「慣用操作」でも見られたように、それ以後は課題が容易過ぎるため、却って子どもが反応しなくなるなど、利用が難しくなる可能性も考えられる。そこで、研究 4 では、主として幼児期の発達評価において、対人・社会面の発達という観点も踏まえて利用可能な検査項目として「じゃんけん」課題を取り上げ、その有用性について検討する。

問題

「じゃんけん」とは、2 者以上の間で勝ち負けを決める手段の一つであり、日常的に用いられている。こぶしを握って石を表わす「グー」、握ったこぶしから人さし指と中指を開いてハサミを表わす「チョキ」、5 本の指を開いて紙を表わす「パー」という 3 種類の手の形と、それぞれに対応した名称が一般的に用いられる。勝ち負けは出された手の組み合わせによって決定され、グーはチョキに勝ち、チョキはパーに勝ち、パーはグーに勝つという「三すくみ構造」になっている。同じ手が出た場合や 3 種類の手がすべて出ている場合は「あいこ（引き分け）」で、やり直しになる。日本において、子どもは幼児期のうちにじゃんけんをし始め、物事の順番を決めるなど何かしらの決定を行う際の手段として大人になっても継続的に用いられる（杉谷, 2012）。そのため、じゃんけんは幼児期に獲得される一つの社会スキルであると考えられており、発達アセスメントにおいても重要視されている。具体的には、「遠城寺乳幼児分析的発達検査法」（遠城寺・合屋, 1977）や「KIDS 乳幼児発達スケール」（大村・高嶋・山内・橋本, 1991）、「LC スケール」（大伴・林・橋本・池田・菅野, 2008）などの発達検査において、対人・社会性を評価する項目としてじゃんけんに関する課題や設問が用いられている。近年では、発達障害児は定型発達の子どもと比べてじゃんけんの勝ち負けの理解が遅れる傾向があり（小枝, 2008）、さらに、発達障害児は対人葛藤場面において葛藤状況の解決手段としてじゃんけんを用いる頻度が低いことから（二川・高山,

2013)、発達障害のスクリーニングを目的としてじゃんけんに関する問診項目や観察項目が5歳児健診において設定されている（小枝，2008）。

　しかしながら、子どもがじゃんけんに関する知識や技能を獲得していく過程については、まだ十分な検討がなされているとは言えない。野村（1990）は、じゃんけんが成立するために必要な諸機能を「じゃんけん技能」と呼び、定型発達の子どものじゃんけん技能の獲得について調べた。その結果、3歳児では大半がじゃんけん技能を未獲得であるが、4歳児から5歳児において急速に獲得し、6歳児ではほぼ全員が獲得することを明らかにした。この研究は、じゃんけん技能が完全に獲得される段階、つまりじゃんけんを行い、「勝ち負けの判断」が可能になるのが何歳頃であるかを明らかにしたものである。また、じゃんけんのように、組み合わせによって正反応が変わる課題（例えば、Aが提示された場合はBの反応が、Bが提示された場合はCの反応が、Cが提示された場合はAの反応が求められる）を理解できるのは4歳半以降であることが知られている（Rudy, Keith, & Georgen, 1993）。さらに、チンパンジーとヒトの子どものじゃんけんの理解についての比較検討においても、ヒトの子どもがじゃんけんを理解できるのは4歳以降であることが明らかになっている（Gao, Su, Tomonaga, & Matsuzawa, 2018）。したがって、「勝ち負けの判断」が4歳から5歳にかけて可能になっていくという知見はその後の研究においても支持されていると言える。

　一方で、じゃんけん技能の獲得には「勝ち負けの判断」が可能となるまでにいくつかの段階があることが指摘されている（清峰・丸山，1994；野村，1991）。しかしながら、具体的に何歳頃にどのような過程を経て「勝ち負けの判断」が可能になる段階に至るのかという点については、先行研究においてまだ十分に明らかにされていない。

　そこで、研究4では子どもが何歳頃にどのような過程を経てじゃんけんに関わる諸機能が獲得されていくのかを、独自に作成したじゃんけん課題を用いて明らかにする。また、作成したじゃんけん課題を子どもの発達評価に用

いることの有用性についても併せて検討する。

1．じゃんけんの勝敗判断の発達に関する先行研究

　岡本（1991）はじゃんけんを公平に順位や役割を決定するための手段として用いるために必要な機能として、「集団ルールの理解」や「集団遊びとしての共同作業」、「偶然性・公平性の理解」の三つの社会的機能（以下、「じゃんけんの使用に関する社会的機能」と呼ぶ）と、「瞬間的に手の形を作る」、「相手と共通のリズムを作る」、「頭の中で自分の出す手の計画」、「相手の出す手の予想」、「何が何に勝つのかの理解」、「組み合わせによって決まる強弱の相対性の理解」の六つの認知的機能（以下、「じゃんけんの使用に関する認知的機能」と呼ぶ）を挙げている。研究4では、このうち「じゃんけんの使用に関する認知的機能」の獲得について調べる。では、これらの機能は、何歳頃からどのような順序で獲得されていくのだろうか。

　野村（1991）は、じゃんけんが成立する条件として①勝ち負けを決める遊び（ゲーム）と理解していること、②グー、チョキ、パーの間での勝ち負けの関係が理解できることを挙げ、その前提として③じゃんけんの手の形を作る運動スキルと、「勝ち―負け」という2者間の関係概念の理解が必要であるとした。このうち、③の手の形を作る運動スキルは、①から③の機能のうち最も基礎的なものである。野村（1991）は、勝ち負けの判断ができないのに何らかの手を出してじゃんけんに参加する子どもがいることをその根拠として指摘している。つまり、最も基本的な段階として、それぞれの手の形と名称が理解される段階（以後、「手の形の理解」の段階と呼ぶ）があり、次に、実際にじゃんけんを行う際に必要とされる、相手とタイミングを合わせて瞬間的に手を形作る運動スキルが獲得された段階（以後、「運動スキルの獲得」の段階と呼ぶ）があると考えられる。また、清峰・丸山（1994）は、じゃんけんの勝ち負けの判断について、負けの判断よりも勝ちの判断の方が早く成立することを明らかにした。つまり、じゃんけんの勝敗の判断については、勝ち

の判断だけが先行して可能である時期があり（以後、「勝ち判断」の段階と呼ぶ）、その後、負けの判断も可能になる（以後、「負け判断」の段階と呼ぶ）。

　これらの知見を整理すると、じゃんけんに関する知識や技能の獲得について、次に挙げる五つの段階があると想定される。すなわち、①「じゃんけんに関する知識や技能が獲得されていない段階」（じゃんけんの知識・技能未獲得）、②「じゃんけんの手の形とその名称が理解されている段階」（手の形の理解）、③「相手とタイミングを合わせて瞬間的に手を形作る運動スキルが獲得されている段階」（運動スキルの獲得）、④「じゃんけんの勝ち判断が可能な段階」（勝ち判断）、⑤「じゃんけんの負け判断が可能な段階」（負け判断）の5段階である。

　しかしながら、これらの先行研究では、じゃんけんに関わるそれぞれの機能が何歳頃に獲得されていくのかという点について、実証的なデータは示されていない。そこで、研究4では、「じゃんけんの使用に関する認知的機能」について、「手の形の理解」、「運動スキルの獲得」、「勝ち判断」、「負け判断」に着目し、何歳頃にそれぞれの機能が獲得されるのかを、独自のじゃんけん課題を用いて明らかにする。

2．じゃんけんの勝敗判断に関する評価手法

　既存の研究や発達検査等においては、どのようにじゃんけんに関する知識や技能の獲得について評価してきたのであろうか。これまでに用いられたじゃんけんの勝敗判断に関する評価手法を概観し、研究4で用いるじゃんけん課題に求められる要件について検討する。

　既存の発達検査やじゃんけんに関する研究における評価手法は、聴取法、絵カードを用いる手法、実際にじゃんけんをする手法の三つに大別できる。このうち、聴取法とカードを用いる手法においては、子どもがじゃんけんをする様子を直接確認できない。他者との間でじゃんけんを成立させるには相手とかけ声やタイミングを同調させることも重要である（藤田，1989, 1990）。

したがって、じゃんけんに関わる「運動スキルの獲得」について評価するためにも、本研究では実際にじゃんけんを行う手法を用いることとする。

子どもと実際にじゃんけんを行い、「勝ち－負け－あいこ」の判断を求めるという手法は、「LC スケール」や 5 歳児健診の個別観察で用いられている（小枝, 2008；大伴他, 2008）。具体的には、じゃんけんを 3 回行い、毎回子どもに「勝ち－負け－あいこ」の判断を求めるという手順である。しかしながら、検査者と子どもの手がどのような組み合わせになるかは偶然によって左右される。そのため、例えば 3 回とも子どもが勝った場合、正確に「勝ち－負け」の判断ができているのか、じゃんけんの手の組み合わせに関わらず「自分が勝った」と言っているだけなのかの区別ができない。そのような場合、「勝ち－負け－あいこ」の判断が異なる組み合わせになるまで追加の試行を行うという工夫も講じられているが、追加の試行により課題が冗長になる可能性がある。

以上のように、実際に子どもとじゃんけんをする手法は勝敗が偶然に左右される部分があり、一定の構造化された手順は確立されていない。また、じゃんけんに関する知識や技能の獲得について、段階的に評価可能な手法は既存の発達検査等では用いられていない。これらのことを踏まえて、本研究で用いるじゃんけん課題は以下の三つの要件を満たす必要があると考えた。第一に、じゃんけんに関する知識や技能の獲得について、段階的な評価が可能であることである。第二に、実際に子どもがじゃんけんをする様子を観察できることである。そして最後に、一定の構造化された手順を用いることである。

以上の三つの要件を満たすじゃんけん課題を作成し、このじゃんけん課題を用いて子どもがじゃんけんに関する知識や技能を獲得する過程について検討する。

方法

じゃんけん課題の作成

研究4では、「手の形の理解課題」、「勝ち判断課題」、「負け判断課題」の三つの下位課題からなるじゃんけん課題を作成した。じゃんけんの三すくみ構造と、「手の形の理解」、「勝ち判断」、「負け判断」の関係についてFigure 5-2-1に示した。

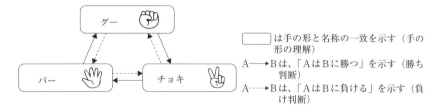

Figure 5-2-1　じゃんけんの三すくみ構造と「手の形の理解」、「勝ち判断」、「負け判断」

Figure 5-2-1において、手の形とその名称が一致した段階が「手の形の理解」、実線の矢印で示した関係が「勝ち判断」、破線の矢印で示した関係が「負け判断」に相当する。

「手の形の理解課題」では、自分の手で実際にじゃんけんの手の形を作ることができるかどうかを確認した。まず子どもに「じゃんけんって知っている？」と尋ね、その後「じゃんけんのグーの手をしてみせて」と促し、反応を観察した。その後、パー、チョキについても同様の手順で確認した。

「勝ち判断課題」は、「手の形の理解課題」に続けて、次のように実施した。まず、実験者がじゃんけんのどの手を出すかを予告し、子どもにはその手に勝つように教示をした。具体的には、「今度は私とじゃんけんをしよう」と言い、その後「私はグーを出すから、あなたはグーに勝つようにじゃんけんをしてください」と教示し、「じゃん、けん、ぽん」のかけ声に合わせてグーの手を出し、子どもの反応を観察した。その後、チョキ、パーについても

同様の手順で実施した。この手順によって、じゃんけんのかけ声に合わせて手を出すことができるかどうか、また「グー」、「チョキ」、「パー」のそれぞれに勝つ手を理解しているかどうかを、3回の試行の中で評価した。

「負け判断課題」は、「勝ち判断課題」に続けて実施した。「勝ち判断課題」と同様に、実験者がじゃんけんのどの手を出すかを予告し、子どもにはその手に負けるように教示をした。具体的には、「次は、私はグーを出すから、あなたはグーに負けるようにじゃんけんをしてください」と教示し、「じゃん、けん、ぽん」のかけ声に合わせてグーの手を出し、反応を観察した。その後、チョキ、パーについても同様の手順で実施した。この手順によって、「グー」、「チョキ」、「パー」のそれぞれに負ける手を理解しているかどうかを、3回の試行の中で評価した。

課題の実施者

研究4において、じゃんけん課題を実施したのは、発達検査や知能検査の実施経験が豊富な心理専門職者であった。事前に第一著者が課題の実施者に対して各下位課題の実施手順と評価基準を説明し、課題の実施練習または第一著者と陪席での課題実施を行い、実施手順と評価基準を一致させた。

各下位課題の評価基準

「手の形の理解課題」では、実験者が指示したじゃんけんの手を出すことができれば正答と評価した。その際、とくに時間制限は設けなかったが、反応がない場合はもう一度教示を繰り返してじゃんけんの手を出すように促し、それでも反応がない場合は「無反応（NR）」と評価した。首を振る、「わからない」と言うなどの意思表示があった場合は「知らない（DK）」と評価した。グーについては「5本の指を握った状態」であることを正答の基準とし、パーについては5本とも指が開いていることを正答の基準とした。チョキに関しては「人さし指と中指が開き、他の3指は握っている」ことを正答の基

準とした。低年齢の子どもにおいて、開いた指の第一関節や第二関節が若干曲がっている場合もあったが、上記の基準を満たせば正答と評価した。「手の形の理解課題」において、グー、チョキ、パーの3種類の手を実験者の指示通りに出すことができた場合、「手の形の理解」の段階に到達しているものと考えられる。

「勝ち判断課題」では、「じゃん、けん、ぽん」のかけ声に合わせて、実験者に勝つようにじゃんけんの手を出した場合、正答と評価した。課題の正誤についてのフィードバックは行わずに次の試行に移った。また、実験者の手を見てから手を出した場合や一度出した手を後から変えた場合は、「後出し」として出した手に関わらず誤答と評価した。「勝ち判断課題」において、グー、チョキ、パーのそれぞれに勝つ手を理解し、全問とも実験者に勝つようにじゃんけんの手を出すことができた場合、「勝ち判断」の段階に到達しているものと考えられる。また、「勝ち判断課題」において、負けやあいこの手を出したが、実験者とタイミングを合わせてじゃんけんの手を形作ること自体は可能であった場合、「運動スキルの獲得」の段階に到達しているものと考えられる。

「負け判断課題」では、「じゃん、けん、ぽん」のかけ声に合わせて、実験者に負けるようにじゃんけんの手を出した場合、正答と評価した。課題の正誤についてのフィードバックは行わずに次の試行に移った。また、実験者の手を見てから手を出した場合や一度出した手を後から変えた場合は、「後出し」として出した手に関わらず誤答と評価した。「負け判断課題」において、グー、チョキ、パーのそれぞれに負ける手を理解し、全問とも実験者に負けるようにじゃんけんの手を出すことができた場合、「負け判断」の段階に到達しているものと考えられる。

予備的研究

予備的研究として、3歳2か月から4歳10か月までの保育園児10名（男児

3名、女児7名　平均月齢44.7か月、SD=6.3）を対象に、じゃんけん課題を実施した。その結果、「手の形の理解課題」は10名全員が3問とも正答し、「勝ち判断課題」は3問正答が2名、2問正答が5名、1問正答が1名、全問誤答が2名であり、「負け判断課題」は3問正答が1名、2問正答が2名、1問正答が1名、全問誤答が6名であった。また、「勝ち判断課題」で全問誤答であった2名は3歳2か月児であり、「負け判断課題」で3問正答していたのは4歳10か月児であった。全問誤答の子どもの反応内容は、「勝ち判断課題」ではすべてあいこの手を出し、「負け判断課題」ではすべて実験者に勝つ手を出すというものであり、一つ前の課題の反応パターンを継続する傾向がみられた。

対象児

研究4は2014年6月から2018年3月にかけて、1歳0か月超から7歳0か月未満の幼児・児童569名を対象に実施された。各年齢区分における男女別の人数をTable 5-2-1に示す。なお、年齢区分は1歳0か月超から7歳0か月未満までを6か月ごとに、12区分とした。

また、じゃんけん課題の成否と子どもの発達水準との関連を調べるため、対象児全員に『新版K式発達検査2001』を実施した。対象となった幼児・児

Table 5-2-1　対象者の年齢区分別男女別の人数

年齢区分	1:0超 -1:6	1:6超 -2:0	2:0超 -2:6	2:6超 -3:0	3:0超 -3:6	3:6超 -4:0	4:0超 -4:6	4:6超 -5:0	5:0超 -5:6	5:6超 -6:0	6:0超 -6:6	6:6超 -7:0	全体
男	8	22	15	25	30	11	20	43	28	27	27	14	270
女	22	27	14	17	28	26	32	31	24	25	39	14	299
計（人）	30	49	29	42	58	37	52	74	52	52	66	28	569
平均月齢	15.1	20.9	27.0	32.7	38.8	44.9	50.6	57.0	63.3	69.3	74.9	79.9	50.0
標準偏差	1.59	1.54	1.69	1.96	1.72	1.69	1.66	1.79	1.66	1.76	1.78	1.40	19.4

童は、京都府と大阪府、滋賀県の保育園および小学校に在籍しており、事前に研究の主旨を保護者に文書で説明し、書面で同意を得た上で個別に課題を実施し、じゃんけん課題への反応と『新版K式発達検査2001』の結果を記録した。対象者569名について『新版K式発達検査2001』の発達指数を算出したところ、「認知・適応領域」では平均100.4（$SD=14.8$）、「言語・社会領域」では平均99.5（$SD=14.7$）であった。

倫理的配慮

研究4は、京都国際社会福祉センター研究倫理委員会（承認番号：H27-01）および神戸学院大学人を対象とする医学系研究等倫理審査委員会（承認番号：SEB16-29）の承認を受けて実施された。研究の実施にあたっては、対象児全員について、研究の概要、研究協力の中断や辞退の自由、得られたデータの使用目的と匿名化の方法について口頭および文書で保護者に説明し、研究協力者の自由意思のもとで研究協力について同意を得た。

実施手順

じゃんけん課題は、「手の形の理解課題」、「勝ち判断課題」、「負け判断課題」の順に実施した。各下位課題の実施手順と評価の基準は、予備的研究と同じであった。また、誤答の場合も、具体的な反応内容を記録した。各下位課題について、3問すべてに正答した場合あるいは3問中2問に正答した場合に、次の下位課題を実施した。各下位課題に対して、3問中1問のみ正答の場合やすべて誤答の場合は、以後の課題は実施しなかった。

各下位課題における反応の分類

「手の形の理解課題」に対する反応は以下の四つに分類された。①反応しない、首を振るなど「わからない」という意思表示がある（以下、「NR・DK」とする）、②全問に同じ手を出す（以下、「すべて同じ手」とする。結果的に1問正

答するが、名称と手の形が対応して理解されているとは言えない）、③3問中2問に正答（以下、「2問正答」とする）、④全問正答（以下、「全問正答」とする）、の四つである。

「勝ち判断課題」に対する反応は以下の七つに分類された。①「NR・DK」、②「すべて同じ手」、③実験者の後で手を出す（以下、「後出し」とする）、④全問あいこの手を出す（以下、「すべてあいこ」とする）、⑤ランダムに手を出す（以下、「ランダム」とする）、⑥2問正答、⑦全問正答、の七つである。

「負け判断課題」に対する反応は以下の七つに分類された。①「NR・DK」、②「すべて同じ手」、③「すべてあいこ」、④「ランダム」、⑤全問勝つように手を出す（以下、「すべて勝つ」とする）、⑥2問正答、⑦全問正答、の七つである。

じゃんけん課題の成否とじゃんけんに関する知識や技能の獲得の段階

それぞれの下位課題への成否や反応内容によって、岡本（1991）の「じゃんけんの使用に関する認知的機能」のどの機能が獲得されていると考えられるかを整理し、Table 5-2-2に示す。研究4では、じゃんけん課題の三つの下位課題への子どもの反応によって、じゃんけんに関する知識や技能の獲得状況を次の五つの段階で評価した。すなわち、段階1「じゃんけんに関する知識や技能が獲得されていない段階」（じゃんけんの知識・技能未獲得）、段階2「じゃんけんの手の形とその名称が理解されている段階」（手の形の理解）、段階3「相手とタイミングを合わせて瞬間的に手を形作る運動スキルが獲得されている段階」（運動スキルの獲得）、段階4「じゃんけんの勝ち判断が可能な段階」（勝ち判断）、段階5「じゃんけんの負け判断が可能な段階」（負け判断）の5段階である。

「手の形の理解課題」において、「NR・DK」や「すべて同じ手」の反応であった場合、あるいは一部の正答に留まった場合、「手の形とその名称が理解されている段階」には達していないと考えられる。そのため、段階1と評

Table 5-2-2 じゃんけん課題の下位課題への反応と「じゃんけんに関する知識や技能の段階」との関連

じゃんけんに関する知識と技能の獲得の段階	知識		運動スキル	勝ち負けの判断		予測とプランニング	
	手の形と名称の理解	瞬間的な手の構成	共通のリズムを作る	何が何に勝つのかの理解	強弱の相対的な理解	自分の出す手の計画	相手の手の予測
段階1「じゃんけんの知識・技能未獲得」（手の形の理解2/3以下）	×	×	×	×	×	×	×
段階2「手の形の理解」（手の形の理解3/3・勝ち判断1/3以下）	○	△	×	×	×	×	×
段階3「運動スキルの獲得」（勝ち判断2/3以下）	○	○	○	×	×	×	—
段階4「勝ち判断」（勝ち判断3/3）	○	○	○	○	×	○	—
段階5「負け判断」（負け判断3/3）	○	○	○	○	○	○	—

注：「○」は獲得されている機能、「△」は部分的に獲得されている機能、「×」は未獲得の機能、「—」は評価対象外であることを示す。
「勝ち判断1/3以下」は「NR・DK」や「全て同じ手」で、「運動スキルの獲得」には至っていない反応である。また、「勝ち判断2/3以下」は、「2問正答」のほか、「全てあいこ」や「ランダム」を含む。

価した。「手の形の理解課題」に全問正答であった場合は、「手の形とその名称が理解されている段階」に達していると考えられるため、段階2と評価した。また、「手の形の理解課題」では、自分の手でじゃんけんの手の形を作ることが求められるものの、通常のじゃんけんのように「瞬間的に」手の形を作る必要はない。そのため、段階2における「運動スキルの獲得」は部分的なものであると考えられる。

「勝ち判断課題」では、「じゃん、けん、ぽん」の合図に合わせて手を出すことが求められるため、「瞬間的に手の形を作る」、「相手と共通のリズムを作る」という機能が必要とされる。よって、勝ち判断は誤っていたとしても、

タイミングを合わせてじゃんけんの手を出せている場合、この機能は獲得されているものと考えられる。さらに、実験者が何の手を出すのかという予告を聞いて、それに勝つようにじゃんけんの手を出す必要があることから、「何が何に勝つのか」、「頭の中で自分の出す手の計画」という機能が必要とされる。そのため、「勝ち判断課題」が全問正答であった場合、段階4と評価した。「勝ち判断課題」に「2問正答」であった場合、または「全てあいこ」や「ランダム」であった場合は、勝ち判断が可能な段階には達していないものの、実験者とタイミングを合わせてじゃんけんの手を出せていることから、段階3と評価した。なお、「全て同じ手」の反応については、グー、チョキ、パーのいずれかの手しか出しておらず、必ずしも全ての手を瞬間的に構成できるとは限らないため、段階2と評価した。

「負け判断課題」は、じゃんけんに関する運動スキルが必要とされるとともに、勝ち負けの判断については、「組み合わせによって決まる強弱の相対性の理解」が求められる。そのため、「負け判断課題」が全問正答であった場合、段階5（じゃんけんに関する「勝ち負けの判断」が獲得されている）と評価した。

なお、「相手の手の予測」という機能に関しては、本研究のじゃんけん課題は実験者が出す手を予告するという手順を用いているため、本研究では評価の対象とはならなかった。

結果

研究4の目的は三つの下位課題からなるじゃんけん課題を用いて、子どもがじゃんけんに関する知識や技能を獲得していく過程について明らかにすることである。そのためにまず、三つの下位課題によって段階的な評価が可能であったかどうかを調べるため、各下位課題の通過（全問正答）率の比較を行った。次に、じゃんけん課題の三つの下位課題の成否や反応内容に基づき、それぞれの子どもについてじゃんけんに関する知識や技能の獲得の状況を5

段階で評価し、年齢区分別の割合を比較した。これにより、じゃんけんに関する知識や技能の獲得の状況が、年齢によってどのように変化していくのかを調べた。さらに、子どもは平均的に何歳頃それぞれの段階に到達するのかを調べるため、「手の形の理解」、「運動スキルの獲得」、「勝ち判断」、「負け判断」の各段階について、50％通過年齢を算出した。最後に、じゃんけん課題を子どもの発達評価に用いることが可能かを調べるため、じゃんけんに関する知識や技能の獲得の段階（5段階）と『新版K式発達検査2001』の発達年齢との順位相関係数を求めた。

1．下位項目の通過率の比較

すべての年齢区分の対象児の結果を合計して、下位課題ごとに全体の平均通過率を算出したところ、「手の形の理解課題」は77.3％（$SD=0.42$）、「勝ち判断課題」は43.2％（$SD=0.50$）、「負け判断課題」は27.6％（$SD=0.45$）であった。これらの通過率についてCochranのQ検定を行った結果、下位課題の通過率に有意な差が認められた（$Q(3, N=569)=398.50, p<.01$）。また、多重比較の結果、「手の形の理解課題」と「勝ち判断課題」（$\chi^2(1, N=569)=202.01, p<.01$）、「手の形の理解課題」と「負け判断課題」（$\chi^2(1, N=569)=259.00, p<.01$）、「勝ち判断課題」と「負け判断課題」（$\chi^2(1, N=569)=45.82, p<.01$）、の各課題間において通過率に有意な差が認められた。つまり、すべての年齢区分の結果を合算した場合には、じゃんけん課題は「手の形の理解課題」、「勝ち判断課題」、「負け判断課題」の順に容易であることが示された。

2．各年齢区分における下位課題の通過率の比較

次に、各年齢区分において同様のデータ処理を行った。各年齢区分における下位課題間の通過率の高低についてCochranのQ検定および多重比較を行なった。結果をTable 5-2-3に示す。

Table 5-2-3 各年齢区分におけるじゃんけん課題の通過人数、不通過人数とその検定結果

年齢区分	課題	通過人数	不通過人数	検定結果
1:0超-1:6	手の形の理解課題	0	30	
	勝ち判断課題	0	30	すべての課題間に有意差なし
	負け判断課題	0	30	
1:6超-2:0	手の形の理解課題	0	49	
	勝ち判断課題	0	49	すべての課題間に有意差なし
	負け判断課題	0	49	
2:0超-2:6	手の形の理解課題	11	18	手の形の理解課題＞勝ち判断課題**
	勝ち判断課題	0	29	手の形の理解課題＞負け判断課題**
	負け判断課題	0	29	
2:6超-3:0	手の形の理解課題	19	23	手の形の理解課題＞勝ち判断課題**
	勝ち判断課題	0	42	手の形の理解課題＞負け判断課題**
	負け判断課題	0	42	
3:0超-3:6	手の形の理解課題	51	7	手の形の理解課題＞勝ち判断課題**
	勝ち判断課題	1	57	手の形の理解課題＞負け判断課題**
	負け判断課題	0	58	
3:6超-4:0	手の形の理解課題	36	1	手の形の理解課題＞勝ち判断課題**
	勝ち判断課題	3	34	手の形の理解課題＞負け判断課題**
	負け判断課題	0	37	勝ち判断課題＞負け判断課題*
4:0超-4:6	手の形の理解課題	50	2	手の形の理解課題＞勝ち判断課題**
	勝ち判断課題	17	35	手の形の理解課題＞負け判断課題**
	負け判断課題	12	40	
4:6超-5:0	手の形の理解課題	74	0	手の形の理解課題＞勝ち判断課題**
	勝ち判断課題	40	34	手の形の理解課題＞負け判断課題**
	負け判断課題	18	56	勝ち判断課題＞負け判断課題**
5:0超-5:6	手の形の理解課題	52	0	手の形の理解課題＞勝ち判断課題**
	勝ち判断課題	41	11	手の形の理解課題＞負け判断課題**
	負け判断課題	26	26	勝ち判断課題＞負け判断課題*
5:6超-6:0	手の形の理解課題	52	0	
	勝ち判断課題	41	11	手の形の理解課題＞負け判断課題*
	負け判断課題	30	22	
6:0超-6:6	手の形の理解課題	66	0	
	勝ち判断課題	61	5	すべての課題間に有意差なし
	負け判断課題	54	12	
6:6超-7:0	手の形の理解課題	28	0	
	勝ち判断課題	28	0	すべての課題間に有意差なし
	負け判断課題	23	5	

*$p<.05$ **$p<.01$

「手の形の理解課題」に全問正答しなかった場合を段階1、「手の形の理解課題」に全問正答し、勝ち判断課題で実験者とタイミングを合わせて各種の手を出すことができなかった場合を段階2、「勝ち判断課題」において勝ち判断はできなかったものの、実験者とタイミングを合わせて各種の手を出せた場合を段階3、「勝ち判断課題」に全問正答した場合を段階4、「負け判断課題」に全問正答した場合を段階5とした。また、各下位課題の「2問正答」についてはそれぞれ次の段階に至る前段階であると考え、Figure 2の中で「段階1-2　手の形の理解2/3」、「段階3-2　勝ち判断2/3」、「段階4-2　負け判断2/3」として区別して示した。なお、少数ではあるが、「勝ち判断課題」、「負け判断課題」とも2問正答であった場合があった。この反応は段階4、段階5のいずれの条件も満たさないため、段階3に含めた。Figure 5-2-2においては区別して「段階3-3　勝ち負け2/3」と示した。

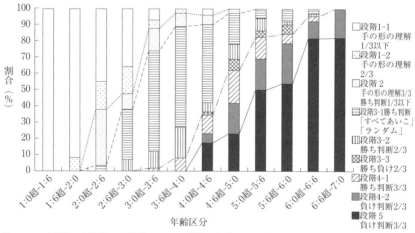

注：………は段階1と段階2の境界、----は段階2と段階3の境界、
　　—・—は段階3と段階4の境界、——は段階4と段階5の境界を示す。
注：「勝ち判断1/3以下」は「NR・DK」や「すべて同じ手」で、「運動スキルの獲得」には至っていない反応である。

Figure 5-2-2　各年齢区分における「じゃんけんに関する知識や技能の段階」の割合

各段階の割合が年齢区分ごとに異なるかどうかについてχ^2検定を行った結果、いずれも年齢区分間で割合に有意な差があることがわかった（$ps<.01$）。残差分析の結果を Table 5-2-4 に示す。

段階1は、「1:0超-1:6」から「2:6超-3:0」の年齢区分において有意に割合が高かった。「3:0超-3:6」の年齢区分においては、段階2以上の割合の増加にともない段階1の割合は減少し、3歳6か月超以降のすべての年齢区分において段階1の割合は有意に低くなっていた。段階2は「2:0超-2:6」、「3:0超-3:6」の年齢区分で有意に割合が高かった。段階3は「1:0超-1:6」から「2:0超-2:6」の年齢区分では有意に割合が低く、「3:0超-3:6」から「4:0超-4:6」の年齢区分で有意に割合が高かった。5歳以降では、段階4以上の割合の増加にともない、段階3の割合は減少し、「5:6超-6:0」、「6:0超-6:6」、「6:6超-7:0」の年齢区分においては有意に割合が低かった。段階4は「1:0超-1:6」、「1:6超-2:0」、「2:0超2:6」、「2:6超-3:0」、「3:0超-3:6」の

Table 5-2-4　各年齢区分における「じゃんけんに関する知識や技能の獲得の段階」の割合についての調整済み残差

	1:0超 -1:6	1:6超 -2:0	2:0超 -2:6	2:6超 -3:0	3:0超 -3:6	3:6超 -4:0	4:0超 -4:6	4:6超 -5:0	5:0超 -5:6	5:6超 -6:0	6:0超 -6:6	6:6超 -7:0
段階1「じゃんけんの知識・技能未獲得」	10.39**	13.52**	5.20**	4.78**	-2.03*	-3.00**	-3.40**	-4.99**	-4.10**	-4.10**	-4.68**	-2.94**
段階2「手の形の理解」	-1.33	-1.73	7.23**	1.28	3.06**	0.80	0.17	-1.06	-1.78	-1.78	-2.04*	-1.28
段階3「運動スキルの獲得」	-3.58**	-4.66**	-3.10**	1.38	7.73**	7.26**	4.50**	1.29	-1.92	-2.24*	-4.63**	-3.45**
段階4「勝ち判断」	-2.42*	-3.15**	-2.38*	-2.90**	-3.08**	-1.30	0.35	5.98**	3.55**	3.15**	-0.48	0.33
段階5「負け判断」	-3.47**	-4.52**	-3.41**	-4.16**	-4.96**	-3.88**	-1.74	-0.95	3.79**	4.44**	10.48**	6.62**

**$p<.01$　*$p<.05$

年齢区分において有意に割合が低く、「4:6超-5:0」、「5:0超-5:6」、「5:6超-6:0」の年齢区分において有意に割合が高かった。段階5は「1:0超-1:6」から「3:6超-4:0」の年齢区分において有意に割合が低く、5歳以降では有意に割合が高くなっていた。

各下位課題における代表的な誤反応

　各下位課題における誤反応の割合が年齢区分ごとに異なるかどうかについてχ^2検定を行った結果、いずれの下位課題における誤反応についても、年齢区分間で割合に有意な差があることがわかった（$ps<.01$）。以下、各下位課題の代表的な誤反応についての結果を示す。「手の形の理解課題」における代表的な誤反応は、「NR・DK」であり、「1:0超-1:6」では100％、「1:6超-2:0」では91.8％、「2:0超-2:6」では37.9％、「2:6超-3:0」では26.2％であった。残差分析の結果、「1:0超-1:6」、「1:6超-2:0」、「2:0超-2:6」において有意に反応の割合が高かった（順に$p<.01$, $p<.01$, $p<.05$）。また、「勝ち判断課題」における代表的な誤反応は、「すべてあいこ」（実験者が予告した手と同じ手を出す）であり、各年齢区分における割合は、「2:0超-2:6」では6.9％、「2:6超-3:0」では23.8％、「3:0超-3:6」では31.0％、「3:6超-4:0」では21.6％、「4:0超-4:6」では21.2％、「4:6超-5:0」では9.5％であった。残差分析の結果、「2:6超-3:0」、「3:0超-3:6」、「3:6超-4:0」、「4:0超-4:6」において有意に反応の割合が高かった（順に$p<.01$, $p<.01$, $p<.05$, $p<.01$）。「負け判断課題」における代表的な誤反応は、「すべて勝つ」であり、反応の割合は「3:6超-4:0」では10.8％、「4:0超-4:6」では7.7％、「4:6超-5:0」では13.5％、「5:0超-5:6」では7.7％であった。残差分析の結果、「4:6超-5:0」の年齢区分において有意に反応の割合が高かった（$p<.01$）。

3．50％通過年齢

　それぞれの段階に到達する平均的な年齢についての指標を得るために、生

澤・松下・中瀬（1985）の手法を用いて、段階2から段階5までの四つの段階について、50％通過年齢を算出した。50％通過年齢とは、各段階について対象者の50％が到達すると推定される年齢のことである。各段階について年齢区分別の到達率を正規化標準得点に換算し、各年齢区分の平均生活年齢に対する回帰直線を当てはめた。その結果、段階2「手の形と名称の理解」の50％通過年齢は2歳7か月、段階3「運動スキルの獲得」の50％通過年齢は3歳11か月、段階4「勝ち判断」の50％通過年齢は4歳9か月、段階5「負け判断」の50％通過年齢は5歳4か月であった。

じゃんけん課題の結果と新版K式発達検査2001の発達年齢との相関

　じゃんけん課題の結果と子どもの発達水準との関連を調べるため、じゃんけん課題から評価した、じゃんけんに関する知識や技能の獲得の段階（5段階）と『新版K式発達検査2001』の認知・適応領域（Cognitive-Adaptive Area：C-A）および言語・社会領域（Language-Social Area：「L-S」）の発達年齢について、Spearmanの順位相関係数を求めた。なお、姿勢・運動領域（Postural-Motor Area：P-M）については、算出される発達年齢の上限が3歳台までとなっているため、本研究の検討からは除外した。その結果、「C-A」の発達年齢（$r_s=0.87, p<.01$）、および「L-S」の発達年齢との間で（$r_s=0.87, p<.01$）、有意な相関がみられた。

考察

　研究4では三つの下位課題からなるじゃんけん課題を作成し、それぞれの下位課題が生後何歳何か月頃に達成されるのかを調べた。その結果、それぞれの下位課題が達成可能になる年齢の目安である50％通過年齢は、「手の形の理解課題」は2歳7か月、「勝ち判断課題」は4歳9か月、「負け判断課題」は5歳4か月であることが示された。この結果は、じゃんけん技能が4歳児から5歳児にかけて獲得されていくという野村（1990）の結果とも一致

する。また、じゃんけん課題の三つの下位課題の難易度は明確に異なっており、先行研究の指摘の通り（清峰・丸山，1994；野村，1991）、じゃんけんに関する知識や技能の獲得が、「手の形の理解」、「勝ち判断」、「負け判断」の順に進んでいくことが実証された。

さらに、先行研究はじゃんけんの「勝ち負け判断」（本研究の「負け判断」にあたる）が可能かどうかという点のみを評価していたが、本研究では、その前段階にあたる「手の形の理解」と「運動スキルの獲得」、「勝ち判断」の段階についても検討し、「勝ち負け判断」が獲得されるまでの過程について詳細に分析することができた。多数の対象者から得た実証的なデータに基づいて、じゃんけんの獲得に関する段階的な評価が可能であることを示したという点で、本研究は子どもがじゃんけんに関する知識や技能を獲得していく過程について検討する上での有用な資料になるものと考えられる。

1．発達評価におけるじゃんけん課題の有用性

本研究のじゃんけん課題は、一定の構造化された手順によって子どものじゃんけんに関する知識や技能の獲得について評価することが可能であった。また、三つの下位課題の難易度は明確に異なっており、各下位課題への反応に基づいて評価したじゃんけんに関する知識や技能の獲得の段階と子どもの発達年齢との間には高い相関関係がみられた。つまり、じゃんけん課題から評価したじゃんけん技能の獲得の段階が高いほど子どもの発達年齢も高い傾向があり、本研究のじゃんけん課題は1歳から6歳頃の幼児の発達水準を評価する上でも有用であるものと考えられる。

2．今後の課題

今回考案したじゃんけん課題は、岡本（1991）の「じゃんけん理解に関する認知的機能」の獲得の程度について段階的に評価できるものであった。しかしながら、一部で、本研究では想定していなかった要因が課題の成否に影

響を与えている可能性が示唆された。一つは、「負け判断課題」において、とくに最初の試行で、子どもが実験者に勝った後、自分で間違えたことに気づくという反応もみられたことである。つまり、勝ち負けの判断自体ができないわけではなく、"つい勝ってしまう"というエラーが含まれていたものと考えられる。高齢者の認知機能を調べる際に用いられている「後出し負けじゃんけん」においても、勝ちの判断より負けの判断の方が困難であることが示されているが（Omori, Yamada, Murata, Sadato, Tanaka, Ishii, Isaki, & Yonekura, 1999）、この背景としてステレオタイプの動作や思考（つまり、じゃんけんであればAに勝つのは何か、という「勝ち判断」の思考やそれに基づく動作）を抑制する機能、すなわち実行機能が関連していることが指摘されている（福永・大平・加藤・鹿島・河瀬，2005）。つまり、本研究の「負け判断課題」の通過・不通過には、「勝ち負けの相対性の理解」だけでなく、「実行機能」も影響していた可能性が考えられる。実際に、「負け判断課題」での子どもの反応として、「3問とも気にせず勝ち続ける」場合もあれば、「つい勝ってしまって、自分で間違いに気づく」場合もあった。前者は「勝ち負けの相対性」の理解の問題、後者は「実行機能」の問題によって誤反応となったのではないかと考えられる。本研究の「負け判断課題」の結果からは、「勝ち負けの相対性」の理解の問題と「実行機能」の問題を明確に区別することはできないが、「2問正答」の者の中に「実行機能」の問題による誤反応が含まれていた可能性が考えられる。この点については、「負け判断課題」における誤反応の内容についてさらに詳細なデータを収集し分析を行うことで、「負け判断課題」における「実行機能」の影響について精査していく必要があると考えられる。

　また、「勝ち判断課題」においても、とくに最初の試行のみ誤反応になる子どもが一定の割合でみられたが、実験者がグーの手を出す、と予告していることの意味が十分に理解できず、誤った反応をした者が含まれている可能性が考えられる。この場合、実験者の教示の理解、つまり「言語理解」の問

題が、課題の成否に影響した可能性がある。この点も、さらに精査を要する。

さらに、本研究は「じゃんけんの使用に関する認知的機能」について検討したものであり、「じゃんけんの使用に関する社会的機能」は検討されていない。しかしながら、子どもはじゃんけんに関する知識や技能を完全に獲得してから生活場面においてじゃんけんをし始めるのではなく、勝ち負けの理解ができない時期から他者をまねる形でじゃんけんを行い、その過程の中でじゃんけんについての理解を深めていく（野村，1990；岡本，1991）。そのため、例えば、他者への関心（他者が行っているじゃんけんに関心を示すかどうか）や集団参加（じゃんけんをする場面が日常的にあるかどうか）の程度が、じゃんけんに関する知識や技術の獲得の進度に影響を与える可能性も考えられる。社会性の発達に関する評価尺度と比較検討を行う等、じゃんけん課題の通過・不通過と子どもの社会性の発達との関連についても精査していく必要がある。

今後、これらの検討課題も含めて、作成したじゃんけん課題が子どものどのような発達的側面を評価しているのかという点について、さらに検討を重ねていくことが求められる。

今後の課題

研究4では、じゃんけんの理解について構造的な手順で評価する手法として三つの下位課題からなる「じゃんけん課題」を作成し、それぞれの下位課題が何歳何か月頃に達成可能になっていくのか、その背景にはどのような発達的機序があるのかについて検討してきた。

本研究の結果、じゃんけん課題の三つの下位課題は1歳から7歳までの間にすべての子どもが達成可能になっていくことが確認され、発達評価に用いる課題として有用性があると考えられた。今回作成した「じゃんけん課題」は、じゃんけんの理解の程度について段階的に評価でき、道具を用いる必要もなく短時間で実施できることから、臨床的にも非常に活用しやすいものと

思われる。また、自閉症の子どもは定型発達の子どもと比べてじゃんけんの理解が困難であるということを踏まえると、じゃんけん課題を発達障害のスクリーニングにおいて有効に活用できる可能性があるのではないだろうか。

現在、発達障害の子どもを対象に、本研究のじゃんけん課題に用いた調査を進めており、じゃんけん課題の臨床的な活用についてもさらに検討していく予定である。

第3節　発達評価における絵並べ課題の有用性（研究5）

研究4では、発達評価におけるじゃんけん課題の有用性について検討し、およそ2歳から5歳頃の発達評価において利用可能であることが示唆された。研究5では、さらに幼児期後半における発達評価を充実させるという観点から「絵並べ」課題を取り上げ、その有用性について検討する。

問題

絵並べ課題は、ばらばらの順に並んだ絵を意味が通るように並べ替える課題である（以下、特定の検査の項目名を指す場合を除き、同様の課題をすべて絵並べ課題と呼称する）。ウェクスラー式知能検査では、ウェクスラー・ベルビュー知能検査で「絵画配列」が採用され、WAIS-ⅢとWISC-Ⅲまで継続して用いられた。しかし、絵画配列が系列化の能力や社会的能力を測定しているという研究成果がないため（Prifitera, Saklofske, & Weiss, 2005　上野・バーンズ亀山訳 2012）、最新版であるWISC-Ⅳでは、絵画配列は下位検査から削除されている。

ただ、絵画配列についての検討は繰返し行われており、この課題が臨床的に有用であるという声は根強い。絵並べ課題は人間の知的能力を評価する課題として本当に有用ではないのだろうか。本研究の目的は、さまざまな研究知見から絵並べ課題の有用性を再検討することである。さらに、その検討を

踏まえて独自に作成した絵並べ課題を用いて、発達評価における絵並べ課題の有用性について具体的に検討する。

1．ウェクスラー式知能検査の「絵画配列」に関する研究

絵画配列についてはこれまで数多くの研究がなされてきた。その多くは社会的知能や社会的成熟度の測定に絵画配列を用いることができるかどうかを検討したものであった。Krippner（1964）は WISC の「絵画配列」および「理解」のスコアとヴァインランド適応行動尺度の社会指数との関係を比較した。その結果、「理解」のスコアと社会指数は多少の関連があったものの、「絵画配列」のスコアと社会指数の関連は認められなかった。ほかに、「絵画配列」のスコアと教師による社会性の評価との比較（Brannigan, 1975a）、臨床医による社会性の評価との比較（Lipsitz, Dworkin, & Erlenmeyer-Kimling, 1993）、PIC（Personal Inventory for Children）の Social Incompetence と Social Skill のスコアとの比較（Campbell & McCord, 1999）、母親と教師の社会性の評価との比較（Beebe, Pfifiner, & McBunet, 2000）、問題解決能力との比較（Brannigan, 1975b）が行われたがいずれも有意な関連は見られなかった。このように、ウェクスラー式知能検査の「絵画配列」に関してはその有用性について全般に否定的な研究結果が多い。そこで次は、自閉症研究の中で用いられてきた絵並べ課題に注目してみたい。

2．自閉症研究と絵並べ課題

自閉症研究においては、自閉症の特性を理解することを目的として絵並べ課題が用いられてきた。Baron-Cohen, Leslie, & Frith（1986）は、15種の下位課題からなる絵並べ課題を用いて、自閉症の子ども21人（平均生活年齢12歳4か月）とダウン症の子ども15人（平均生活年齢10歳5か月）、定型発達の子ども27人（平均生活年齢4歳5か月）における各下位課題の成績を比較した。なお、自閉症のグループの非言語の精神年齢の平均は9歳6か月、言語の精神

年齢の平均は5歳7か月で、ダウン症のグループの非言語の精神年齢の平均は5歳9か月、言語の精神年齢の平均は2歳9か月であった。下位課題はストーリーの内容によって「Mechanical 1」、「Mechanical 2」、「Behavioural 1」、「Behavioural 2」、「Intentional」の5種に分けられていた。各分類の内容を整理し、Table 5-3-1 に示す。

その結果、自閉症の子どもは、絵並べ課題のストーリーが「Mechanical（以下、機械的系列とする）」や「Behavioural（以下、行動的系列とする）」であった場合はダウン症や定型発達の子どもと同じかそれ以上の成績を示したが、「Intentional（以下、意図的系列とする）」であった場合は他の2群に比べて成績が低いという結果が示された。Baron-Cohen et al.（1986）はこの結果について、「心の理論」の障害と関連づけて考察している。つまり、自閉症の子どもは他者の心的状態が想像できないために、「意図的系列」の課題では、ストーリーの順序が理解できないのではないかと考えたのである。この研究は絵並べ課題の有用性について重要な示唆を含んでいる。すなわち、絵並べ

Table 5-3-1　Baron-Cohen, Leslie, & Frith（1986）の絵並べ課題の分類

分　類	内　容
Mechanical 1（機械的系列 1）	物が互いに因果的に作用している（例：風船が木の枝に当たって割れる）
Mechanical 2（機械的系列 2）	人と物が因果的に関わっている（人が石を蹴り、石が池に転げ落ちる）
Behavioural 1（行動的系列 1）	1人の人が日常的なありふれた活動をしている。話の連続性を心的状態に帰属させる必要はない（例：店に入って買い物をして出てくる）
Behavioural 2（行動的系列 2）	人が社会的にありふれた活動をしている。もう1人の人が登場する場合もある。しかし、話の連続性を心的状態に帰属する必要はない（例：アイスを食べていたら人がやってきて取り上げてしまう）
Intentional（意図的系列）	心的状態への帰属を必要とするような、日常的な活動を行っている（例：人形を置いていたら、知らない間に人形を持っていかれ気づいて驚く）

課題のストーリーの内容によって、課題を達成するために必要とされる知的能力が異なる可能性がある。そうであるならば、ストーリーの内容を精査して絵並べ課題を構成すれば、絵並べ課題を有効な発達評価の指標として用いることも可能になるのではないだろうか。

　Binnie & Williams（2003）も5歳から10歳までの自閉症の子どもと定型発達の子どもを対象に絵並べ課題を実施した。その手続きは、各下位課題の最初と最後の絵を示し、中間の絵について「Psychological」、「Physical」の2種類からどちらがより適当と思うかを選択させるというものであった。結果、自閉症の子どもは定型発達の子どもと比べて中間の絵に「Physical」を選びやすいことが示され、物事の因果関係について、人物の意図や行為が関係したものというよりは単に物理的な現象として理解しやすいことが示唆された。

　また Zalla, Labruyère, & Georgieff（2006）は、人物の行為に関する絵並べ課題を用いて、自閉症の子ども18人（平均年齢11歳5.6か月、平均IQ58.2）と知的障害の子ども13人（平均年齢11歳4.6か月、平均IQ58.2）、定型発達の子ども19人（平均年齢7歳0.5か月）の成績の比較を行なった。結果、Baron-Cohen et al.（1986）における「行動的系列」にあたる「人物の行為に関する絵並べ課題」についても、自閉症の子どもの成績は他の2群に比べて有意に低いことが示された。Zalla et al.（2006）はこの結果について、自閉症の子どもが「他者の行為の理解」と「実行機能」の両方に困難を持つため生じているのではないかと述べている。

　さらに、Zalla, Labruyère, Clement, & Georgieff（2010）では人物の行為に関する未完結の動画を見せ、次の展開として最も適当と思うものを4枚の写真の中から選択するよう求めることで、予期という側面から自閉症の子どもの「人物の行為の理解」について調べている。その結果、自閉症の子どもは他のグループに比べて予測の誤りが多いことが示された。これらの研究から、自閉症の子どもたちは「意図的系列」の課題だけでなく「行動的系列」の課題も困難である可能性が考えられる。

第5章　新しい検査項目に関する検討　115

　以上のことを踏まえて、ウェクスラー式知能検査の「絵画配列」に関する研究結果について考えると、「絵画配列」では、用いている題材が自然現象や物理的現象に関するものから、人物の行為に関するもの、さらには社会文化的な知識を前提とするものまでが混在している。そのため、結果的に「社会性」や「問題解決能力」など、特定の能力との間では関連が見られなかった可能性が考えられる。

3．本研究の目的

　本研究の目的は、絵並べ課題の発達評価における有用性を検討することである。そのために、先行研究に基づき、ストーリーの内容を精査した上で絵並べ課題を作成し、作成した課題の発達評価における利用可能性について検討する。そのため、本研究では主に新版K式発達検査の項目採用の基準に沿って、絵並べ課題の発達評価における利用可能性を検討する。

　新版K式発達検査においては、各項目が発達を測定するために適切なものかどうかを「通過率曲線」に依って判断している（生澤・松下・中瀬，1985）。具体的には、年齢区分別通過率を算出したときに、ある年齢で通過率が0％だったものが、いずれかの年齢で100％に達することが必要になる。さらに、0％から100％に達するまでの年齢区分が少ないほど、「年齢」の要因が大きいことになり、当該年齢に特有の発達的変化をとらえている項目だと考えることができる。また、進齢に伴う通過率の上昇は単調増加である方が望ましく、停滞や上昇下降の蛇行が見られる場合は、年齢以外の要因（情緒的な反応や環境要因、経験の有無など）が影響している可能性がある。

　そこで研究5では、作成した絵並べ課題を幅広い年齢群の子どもを対象に実施し、各課題が何歳頃に達成可能になるのかを調べることとした。絵並べ課題に関するこれまでの研究は、対象となる子どもの認知特性を調べることを中心的な目的としていたため、それぞれの下位課題が何歳頃に達成可能になるのかという点はあまり検討されていない。そこで、課題を実施する年齢

群を想定するにあたり、「スクリプト」の概念に注目し、それが獲得される年齢を考慮した。Schank & Abelson（1977）は「ある典型的状況で想起される一連の手続き」をスクリプトと呼んだ。スクリプトは自身の経験を通して形成されていくと考えられており、食事などの生活場面における主だったスクリプトは3～4歳の幼児期に既に獲得されていると言われている（Fivush & Slackman, 1985；Hudson & Nelson, 1983；Nelson & Gruendel, 1985）。このようなスクリプト的な知識は、絵並べ課題の遂行に必要とされる順序立ての能力と、ある程度関連するのではないかと考え、絵並べ課題が達成可能になるのは3～4歳かそれ以降であろうと想定した。さらに、中澤・小林（1997）は幼稚園における「お弁当スクリプト」と幼稚園での生活経験の関係について、言語回答と絵並べ課題を用いて検討している。その結果、園に通っている期間が長いほど、課題の成績がよい傾向にあることが示された。つまり、絵並べ課題の題材となる場面についての生活経験が、課題の成績に影響するものと考えられる。そのため、本研究では3～4歳以上の子どもが一般的に経験していると思われる場面を題材にすることにした。

方法

絵並べ課題の作成

　研究5では、これまでの先行研究を踏まえ、独自の絵並べ課題を作成した。ストーリーの内容はBaron-Cohen et al.（1986）のストーリーの分類に基づき、「機械的系列2」に相当するものを2種、「行動的系列2」に相当するものを1種、「意図的系列」に相当するものを1種とし、合計4種の下位課題を作成した。すべての下位課題において人物が登場するストーリーを用いることにしたため、「機械的系列」に関しては「機械的系列2」を採用した。「行動的系列」に関しては、「意図的系列」との比較を明確にするために、人物が2人登場する「行動的系列2」を採用した。作成した絵並べ課題の図版をFigure 5-3-1に示す。

(a) すべり台

（1）すべり台を登る　（2）すべり台の上につく　（3）すべり台をすべる

(b) 花

（1）花壇に水をかける　（2）芽に水をかける　（3）花が咲く

(c) 郵便

（1）手紙を持って歩く　（2）手紙が落ちる　（3）手紙がないと気づく　（4）手紙を届けてくれる

(d) 競走

（1）友達と競走している　（2）1人がゴールする　（3）負けた方が泣く　（4）励ます（慰める）

Figure 5-3-1　作成した絵並べ課題「すべり台」、「花」、「郵便」、「競走」の図版

作成した下位課題の名称は「すべり台」、「花」、「郵便」、「競走」とした（以下、下位課題の名称として示す場合は、「　」付で表記することとする）。

「すべり台」は、Baron-Cohen et al. (1986) の「機械的系列 2」に相当し、人物が登場し、日常的、物理的な現象として理解できるストーリーで課題を構成した。図版は 3 枚で、絵並べ課題で最少の枚数である。「すべり台」が最も容易な課題だと想定し、絵並べ課題が何歳頃から達成可能になるか、ベースとなる年齢を調べることをねらいとした。また、「すべり台」に正答できない場合には段階的に例示を行い、絵並べ課題について①例示が無くても達成可能な段階、②例示があれば達成可能な段階、③例示があっても不可能な段階、に分けて評価できるようにした。

「花」も同様に「機械的系列 2」に相当するものとして作成した。ただし、「すべり台」と違い、物理的変化は花の成長で表されており、植物が育っていく過程についての知識も必要な課題として設定した。図版の枚数は 3 枚で、事前の予想では「すべり台」よりやや難易度が高い課題となると考えていた。

「郵便」は「行動的系列 2」に相当するものとして作成した。複数の人物が登場し、「手紙を落とす」というイレギュラーな内容を含めることによって、それぞれの人物の行為の意味理解が必要なストーリーになるように構成した。図版の枚数は 4 枚で、「すべり台」や「花」より難易度の高い課題として設定した。

「競走」は「意図的系列」に相当するものとして作成した。ただし、Baron-Cohen et al. (1986) の「意図的系列」の課題は誤信念課題を念頭においていたが、本研究では単に「ストーリーを理解するために、人物の心的状態を理解することが必要な課題」として作成した。図版の枚数は 4 枚であった。

さらに、「競走」については、視覚的、物理的情報だけで、絵の順序立てができないように配慮した。WISC の「絵画配列」の課題で、絵を並べた後に子どもにストーリーの説明を求める手続きが臨床的に用いられる場合があるが（Herrell & Golland, 1969）、子どもの説明によって、絵の主たる部分では

なく付随的に描かれている視覚情報を手がかりに絵を配列したことがわかる場合もある。つまり、絵を正しく配列できたとしても、必ずしも人物の行為の理解やストーリーの把握ができているとは限らない。そのため、本研究では付随的な情報は最小限に留め、付随的な情報が絵を順序立てる上で決定的な要因とならないようにした。

実施順序についても Baron-Cohen et al.（1986）と同じく難易度順とし、「機械的系列 2」、「行動的系列 2」、「意図的系列」の順、すなわち「すべり台」、「花」、「郵便」、「競走」の順に実施することとした。

対象者

研究5は、2014年7月から2015年12月に京都府、大阪府、兵庫県、滋賀県の保育所や幼稚園、学童保育所、子育て広場等において実施された。3歳6か月から8歳11か月の幼児および学童児349人に4種の絵並べ課題を実施した。各年齢区分における男女別の人数を Table 5-3-2 に示した。なお、年齢区分は新版K式発達検査で採用されている区分を用いた。

倫理的配慮

研究5は、京都国際社会福祉センター研究倫理規定に基づき、神戸学院大学研究等倫理審査委員会（承認番号：SEB16-29）の承認を受けて実施された。

Table 5-3-2　対象者の年齢区分別男女別の人数

年齢区分	3:6超-4:0	4:0超-4:6	4:6超-5:0	5:0超-5:6	5:6超-6:0	6:0超-6:6	6:6超-7:0	7:0超-8:0	8:0超-9:0
男	5	18	34	29	28	30	13	11	5
女	9	30	30	25	21	34	13	6	8
計（人）	14	48	64	54	49	64	26	17	13
平均年齢（月）	44.9	50.9	57.0	63.9	69.3	74.6	79.3	88.6	102.8
標準偏差	1.99	1.89	1.94	1.94	1.74	1.70	1.23	3.43	3.93

事前に保護者の了承を得ており、発達検査項目作成のための基礎的なデータ収集を目的としていること、協力の中断や同意の取り消しはいつの時点でも可能であることを書面で説明し、口頭または書面で同意を得た上で、個別に課題を実施し反応を記録した。得られたデータは匿名化して集計し、個人情報の保護に配慮した。

実施手順

すべての子どもに下位課題を4種とも実施した。実施順序は、「すべり台」、「花」、「郵便」、「競走」の順であった。各下位課題において、すべての図版を子どもの前に予め定めた順序で提示した。その際、そのままでは話の意味が通らないように順序を定めた。その後、話の題材について検査者が説明した上で（例えば「これはすべり台で遊ぶお話です」等）、話の順に並べ替えるように指示した。制限時間は各1分とし、時間を超過した場合は誤答とした。「すべり台」のみ、誤答の場合や無反応の場合には、検査者が1番目の図版を指示し「これが最初です」と教え（例示）、「では次はどの絵が続きますか」と子どもに続きを促した。例示を行った場合、その後の正誤に関わりなく「すべり台」は誤答と評価した。例示後も誤答や無反応の場合は、検査者が正しい順序に並べ替え、話の順になったことを説明してから次の課題に進むという手続きをとった。

なお、本研究で用いた図版は、当初は手描きで作成したものを用いていたが、途中からコンピュータで製図したものに変更した。ただし、絵の内容や構成要素は変更しなかったので、本研究では両方の図版での結果を合算して扱った。

結果

1．年齢区分別通過率

すべての年齢群の対象者を込みにして、下位課題ごとに全体の平均正答率

を算出したところ、「すべり台（例示前）」は70.2%（SD = 0.46）、「花」は77.7%（SD = 0.42）、「郵便」は47.0%（SD = 0.50）、「競走」は28.4%（SD = 0.45）であった。これらの正答率について Cochran の Q 検定を行った結果、課題の正答率に有意な差が認められた（$Q(3, N = 349) = 300.86, p < .001$）。また多重比較の結果、「すべり台」と「花」（$\chi^2(1, N = 349) = 11.46, p < .05$）、「すべり台」と「郵便」（$\chi^2(1, N = 349) = 62.72, p < .01$）、「すべり台」と「競走」（$\chi^2(1, N = 349) = 131.08, p < .01$）、「花」と「郵便」（$\chi^2(1, N = 349) = 98.44, p < .01$）、「花」と「競走」（$\chi^2(1, N = 349) = 162.28, p < .01$）、「郵便」と「競走」（$\chi^2(1, N = 349) = 33.85, p < .01$）のすべての下位課題間において正答率に有意差があることがわかった。すなわち、絵並べ課題の四つの下位課題については、全体を通して「花」、「すべり台」、「郵便」、「競走」の順に明確に難易度が高くなることが示された。

次に、年齢区分ごとに同様のデータ整理を行ったものを Figure 5-3-2 に示す。また、各年齢区分における下位課題間の正答率の高低に関する Cochran の Q 検定および多重比較を行なった結果を Table 5-3-3 に示す。さらに、各下位課題において年齢区分間で正答率に差があるかどうかについて

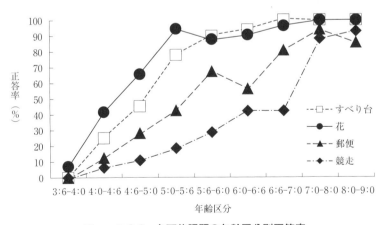

Figure 5-3-2　各下位課題の年齢区分別正答率

Table 5-3-3 各年齢区分における下位課題の正誤人数とその検定結果

年齢区分	下位課題	正答者数	誤答者数	検定結果
3:6〜4:0	すべり台	0	14	すべての下位課題間に有意差なし
	花	1	13	
	郵便	0	14	
	競走	0	14	
4:0〜4:6	すべり台	12	36	すべり台＞競走**
	花	20	28	花＞郵便**
	郵便	6	42	花＞競走**
	競走	3	45	
4:6〜5:0	すべり台	29	35	すべり台＞競走**
	花	42	22	花＞すべり台*，花＞郵便**，花＞競走**
	郵便	18	46	郵便＞競走*
	競走	7	57	
5:0〜5:6	すべり台	42	12	すべり台＞郵便**，すべり台＞競走**
	花	51	3	花＞すべり台*，花＞郵便**，花＞競走**
	郵便	23	31	郵便＞競走*
	競走	10	44	
5:6〜6:0	すべり台	44	5	すべり台＞郵便*，すべり台＞競走**
	花	43	6	花＞郵便*，花＞競走**
	郵便	33	16	郵便＞競走*
	競走	14	35	
6:0〜6:6	すべり台	60	4	すべり台＞郵便**，すべり台＞競走**
	花	58	6	花＞郵便**，花＞競走**
	郵便	36	28	
	競走	27	37	
6:6〜7:0	すべり台	26	0	すべり台＞競走**
	花	25	1	花＞競走**
	郵便	21	5	郵便＞競走*
	競走	11	15	
7:0〜8:0	すべり台	17	0	下位課題間に有意差無し
	花	17	0	
	郵便	16	1	
	競走	15	2	
8:0〜9:0	すべり台	13	0	下位課題間に有意差無し
	花	13	0	
	郵便	11	2	
	競走	12	1	

*$p<.05$ **$p<.01$

Table 5-3-4 「すべり台」、「花」、「郵便」、「競走」の年齢区分別の正答率についての調整済み残差

年齢区分	3:6超-4:0	4:0超-4:6	4:6超-5:0	5:0超-5:6	5:6超-6:0	6:0超-6:6	6:6超-7:0	7:0超-8:0	8:0超-9:0
すべり台	−5.8**	−7.2**	−4.7**	1.4	3.3**	4.6**	3.5**	2.8**	2.4*
花	−6.4**	−6.4**	−2.5*	3.3**	1.9	2.8**	2.4*	2.3*	2.0*
郵便	−3.6**	−5.2**	−3.3**	−0.7	3.1**	1.6	3.6**	4.0**	2.8**
競走	−2.4*	−3.7**	−3.4**	−1.7	0.0	2.7**	−1.6	5.6**	5.2**

*$p<.05$ **$p<.01$

χ^2検定を行った結果、「すべり台」($\chi^2=148.4$, $p<.01$)、「花」($\chi^2=111.8$, $p<.01$)、「郵便」($\chi^2=89.7$, $p<.01$)、「競走」($\chi^2=93.9$, $p<.01$)において有意な差がみられた。各下位項目の年齢区分による正答率の差について、残差分析による多重比較の結果を Table 5-3-4 に示す。

3歳6か月から4歳の子どもではどの下位課題もほとんど正答者がなく、7歳以上の子どもではどの下位課題でもほぼ全員が正答していた。その中間にあたる4歳から7歳にかけては、「花」、「すべり台」、「郵便」、「競走」の順に、四つの下位課題が段階的に達成可能になっていくことが明らかになった。

2．50%正答年齢

各下位課題が達成可能になる年齢についての指標を得るため、新版K式発達検査における50%通過年齢の算出方法を用いて、各下位課題の50%正答年齢を算出した。50%正答年齢とは、各下位課題について対象者の50%が正答すると推定される年齢のことである。推定のための計算は生澤他（1985）と同じで、各下位課題について年齢区分別正答率を正規化標準得点に換算し、各年齢区分の平均生活年齢に対する回帰直線をあてはめた。その結果、各下位課題の50%正答年齢は、「すべり台」は4歳9.4か月、「花」は4歳4.3か月、「郵便」は5歳8.1か月、「競走」は6歳6.1か月であった。

3．通過基準の設定および年齢別通過率と50％通過年齢

　年齢区分別正答率を算出した結果、いずれの下位課題も進齢にともなって正答率が上昇していくことが明らかになった。しかし、一部の下位課題と年齢区分において、進齢に対して正答率が増加を示さない年齢区分もみられた。「花」の5歳から6歳にかけての年齢区分や、「郵便」の5歳半から6歳半、7歳から9歳にかけての年齢区分などである。正答率が一貫して上昇していない場合、50％正答年齢が不合理なものになる可能性が考えられる。

　このような場合、新版K式発達検査では「下位課題のいずれかは問わず、正答した下位課題の数を用いて評価の基準を設定する」という手法を用いている。そこで、絵並べ課題について「四つの下位課題のいずれか二つ以上に正答」（以下、この基準を「絵並べ2/4」と呼ぶ）、「四つの下位課題のいずれか三つ以上の正答」（以下、この基準を「絵並べ3/4」と呼ぶ）という二つの基準を採用し、各年齢区分においてこれらの基準を通過している割合を算出した（Figure 5-3-3）。また、この二つの基準について50％通過年齢を算出した結果、「絵並べ2/4」は4歳8.7か月、「絵並べ3/4」は5歳6.3か月であった。

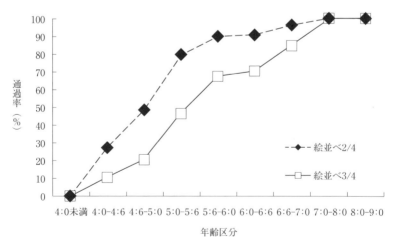

Figure 5-3-3　絵並べ課題の年齢区分別通過率

Table 5-3-5 「絵並べ2/4」、「絵並べ3/4」の年齢区分別の正答率についての調整済み残差

年齢区分	3:6超-4:0	4:0超-4:6	4:6超-5:0	5:0超-5:6	5:6超-6:0	6:0超-6:6	6:6超-7:0	7:0超-8:0	8:0超-9:0
絵並べ 2/4	−5.8**	−7.0**	−4.1**	1.7	3.3**	4.0**	3.0**	2.8**	2.4*
絵並べ 3/4	−3.8**	−5.8**	−5.2*	−0.5	2.7**	3.7**	3.7**	4.3**	3.7**

*$p<.05$ **$p<.01$

さらに、「絵並べ2/4」と「絵並べ3/4」において、年齢区分間で通過率に差があるかどうかについてχ^2検定を行った結果、「絵並べ2/4」、「絵並べ3/4」とも、正答率に有意な差がみられた。残差分析の結果を Table 5-3-5 に示す。これらの結果から、「絵並べ2/4」、「絵並べ3/4」とも、年齢が高くなるにしたがって、通過率が上昇していく傾向があることが明らかになった。

4．例示

各年齢区分において例示前に正答した人数と、例示後に「すべり台」のみ正しく配列できた人数、例示後に「すべり台」を正しく配列し他のいずれかの下位課題にも正答した者の人数、例示後も誤答であった者の人数と割合をそれぞれ Table 5-3-6 に示す。さらに、正誤別人数の各年齢区分における比率についてχ^2検定を行った結果、例示前正答者（$\chi^2(5, N=297)=105.37, p<.01$）、例示後正答者で他の下位課題にも正答した者（$\chi^2(5, N=297)=19.84, p<.01$）、例示後「すべり台」のみの正答者（$\chi^2(5, N=297)=23.06, p<.01$）、例示後誤答者（$\chi^2(5, N=297)=88.32, p<.01$）のいずれにおいても人数の偏りが認められた。残差分析による多重比較の結果を Table 5-3-7 に示す。

多重比較の結果、例示前正答者の割合は進齢とともに増加すること、例示後に他の下位課題に正答する者は4歳6か月から5歳の年齢区分にかけて増加し以後減少すること、例示後「すべり台」のみ正答する者は3歳6か月か

Table 5-3-6 年齢区分ごとの例示の前後における正答者数と誤答者数

	3:6-4:0	4:0-4:6	4:6-5:0	5:0-5:6	5:6-6:0	6:0-6:6
例示前正答者数	0(0.0)	12(25.0)	29(45.3)	42(72.4)	44(89.8)	60(93.7)
例示後正答し，後の下位課題にも正答した人数	1(7.1)	8(16.6)	17(26.6)	11(19.0)	4(8.2)	1(1.5)
例示後正答し，後の下位課題には正答しなかった人数	3(21.4)	1(2.0)	3(4.7)	0(0.0)	0(0.0)	1(1.5)
例示後誤答者数	10(71.4)	27(56.3)	15(23.4)	5(8.6)	1(2.0)	2(3.1)
計（人）	14	48	64	58	49	64

注：（ ）内は割合（%）

Table 5-3-7 例示前後の正答者数と誤答者数における調整済みの残差（Table5-2-4の各セルにおける調整済み残差）

	3:6-4:0	4:0-4:6	4:6-5:0	5:0-5:6	5:6-6:0	6:0-6:6
例示前正答者数	−5.0**	−5.9**	−3.3**	1.7	4.3**	5.8**
例示後正答し，後の下位課題にも正答した人数	−0.8	0.5	3.2**	1.2	−1.3	−3.3**
例示後正答し，後の下位課題には正答しなかった人数	4.4**	−0.3	1.1	−1.4	−1.3	−0.6
例示後誤答者数	4.9**	6.8**	0.7	−2.4**	−3.5**	−3.8**

*$p<.05$ **$p<.01$

ら4歳で最も多く以後減少すること、例示後誤答者は進齢とともに減少していくことがわかった。このことから、例示の後で偶然正しく配列した者が含まれる可能性は否定できないものの、多くの場合は例示が課題達成に対して有効に働いたものと考えられる。

5．誤答反応

すべての下位課題に正答している71名を除く278名のうち、誤答の反応内容についての正確な記録がある154名分の結果について、誤答反応のパター

ンと出現率を年齢区分ごとに整理し、Table 5-3-8 にまとめた。各下位課題における誤答反応のパターンは、①無反応あるいは初期の配列のままで完了する、「わからない」と言うなど、課題要求が理解できていない反応（NR・DK）、②配列しようとするが、前後の関係はばらばらで部分的な順序立ても見られない反応、③部分的には順序立てができているが、全体としての順序立ては完成していない反応、の3種に分けられた。ただ、部分的な順序立ては偶然でも起こり得るため、図版が3枚である「すべり台」と「花」は、全体としての配列が完成していなければ「②ばらばらに配列（非系列反応）」として分類した。「郵便」と「競走」に関しては、最初の2枚が正しく配置さ

Table 5-3-8　各下位課題における誤答反応の年齢区分別反応数

	年齢区分	3:6-4:0	4:0-4:6	4:6-5:0	5:0-5:6	5:6-6:0	6:0-:6:6	6:6-7:0
すべり台	人数	13	13	21	6	2	2	0
	①NR・DK	13(100.0)	12(92.3)	17(80.9)	2(33.3)	1(50.0)	0(0.0)	0(0.0)
	②非系列反応	0(0.0)	1(7.6)	4(19.1)	4(66.6)	1(50.0)	2(100.0)	0(0.0)
花	人数	12	9	10	2	2	0	0
	①NR・DK	12(100.0)	3(33.5)	3(30.0)	0(0.0)	1(50.0)	0(0.0)	0(0.0)
	②非系列反応	0(0.0)	6(66.6)	7(70.0)	2(100.0)	1(50.0)	0(0.0)	0(0.0)
郵便	人数	13	15	26	19	7	14	1
	①NR・DK	12(92.3)	8(53.3)	10(38.4)	0(0.0)	0(0.0)	0(0.0)	0(0.0)
	②非系列反応	1(7.1)	5(33.3)	10(38.4)	9(47.3)	5(71.4)	7(50.0)	0(0.0)
	③部分的系列反応	0(0.0)	2(13.3)	6(23.1)	10(52.6)	2(28.6)	7(50.0)	1(100.0)
競走	人数	13	17	38	29	15	18	6
	①NR・DK	13(100.0)	10(58.8)	12(31.6)	0(0.0)	2(13.3)	2(11.1)	0(0.0)
	②非系列反応	0(0.0)	5(29.4)	16(42.1)	20(69.0)	9(60.0)	4(22.2)	2(33.3)
	③部分的系列反応	0(0.0)	2(11.8)	10(26.3)	9(31.0)	4(26.6)	12(66.6)	4(66.6)

注：（ ）内は割合（%）。NR は無反応（No Response）、DK は「わからない」（Don't Know）。

れている場合、または、正しい配列の組み合わせが二つ以上ある場合を「③部分的に配列（部分的系列反応）」として分類した。具体的には、「1243」、「2341」、「4123」、「3412」の配列が該当するが、実際には「3番目と4番目の配列が逆転する（1243の順）」と「1番目と2番目、3番目と4番目がそれぞれ正しく配列されるが、1番目と2番目より3番目と4番目が先に配列される（3412の順）」が、部分的配列の反応の大半（87.8％）を占めていた。

考察

研究5では、独自に作成した4種の下位課題からなる絵並べ課題を用い、それぞれの下位課題が生後何歳何か月頃に達成可能になるのかについて、3歳8か月から8歳11か月までの349名の子どもを対象に調べた。その結果、下位課題の難易度は「花」、「すべり台」、「郵便」、「競走」の順となることがわかり、すべての下位課題間に有意な差が認められた。また、各下位課題が達成可能になる年齢の目安である50％正答年齢は、「すべり台」は4歳9.4か月、「花」は4歳4.3か月、「郵便」は5歳8.1か月、「競走」は6歳6.1か月であった。さまざまな絵並べ課題について、それぞれ何歳頃に達成可能になるのかという基礎的なデータはこれまでほとんど蓄積されておらず、本研究は子どもの絵並べ課題における思考の発達過程に関する有用な資料になると考えられる。

ここでは本研究の結果を踏まえ、第一に、発達評価における絵並べ課題の利用可能性を検討する。次に、各下位課題が達成可能になるための発達的機序について検討し、最後に、絵並べ課題に反映される子どもの知的発達の側面について考察する。

1．発達評価における利用可能性の検討

まず、生澤他（1985）の観点に基づき、絵並べ課題の発達評価としての利用可能性について検討する。各下位課題は一定の年齢区分の範囲で正答率

0％から100％近くまで推移しており、進齢に伴い正答率が上昇することが確認された。また、今回作成した絵並べ課題の配列順序について、「すべり台」であれば、「(2) すべり台の上に立つ」→「(3) すべり台をすべる」→「(1) (もう一度) すべり台に登る」という系列も論理的には可能であったかもしれないが、進齢にともなって所定の順序に子どもの反応が集約されていくことが確認できた。このことから、各下位課題の正答基準とした配列順序は適切であったと思われる。正答率が下限から上限まで推移する年齢の範囲も、新版K式発達検査の他の検査項目と比較して遜色のないものである。これらのことから、絵並べ課題は発達を評価する指標として一定の有用性を持っているものと考えられる。

また、各下位課題の正答率は進齢に対して明確に増加する傾向にあり、進齢に対して正答率が減少したのは一部の下位課題の一部の年齢区分においてのみであった。それらの年齢区分においては、対象者数の不足や対象者の偏りなどがあった可能性が考えられ、今後さらにデータを拡充して精査する必要があると思われる。一方で、「絵並べ2/4」、「絵並べ3/4」の基準では通過率はほぼ単調増加となった。そのため、発達評価の基準としては個々の下位課題の正誤ではなく、正答数を用いた方が安定した結果が得られると思われる。ただしこの場合、最も容易な「花」も、最も難しい「競走」も、同じ「正答数1」としてカウントされてしまうため、臨床的な評価においては、各下位課題の成否や用いた方略等について詳細に確認することが肝要となるであろう。

2．絵並べ課題が達成可能になるための発達的機序

絵並べ課題を達成するためには、どのような力が必要とされるのであろうか。まず、絵並べ課題を達成するために前提となるのは、「絵を話の順に並べ替える」という課題要求が理解できること、またそれぞれの図版の絵の内容を理解できることであろう。

そこでまず、前者の課題要求の理解について考える。「すべり台」と「花」の下位課題は Baron-Cohen et al.（1986）で最も容易であった「機械的系列」の課題に相当するものであり、課題要求の理解が可能になる年齢を調べるために作成したものである。さらに本研究では、「すべり台」で例示の手続きを用いることで、課題要求の理解について段階的に評価することを試みた。最初に実施する下位課題である「すべり台」を例示無しで達成できた場合、言語的な指示によって課題要求の理解が可能であったと考えてよいであろう。また「すべり台」での例示の手続きは、この課題要求の理解を促進するものであった。2番目に実施される「花」の正答率が「すべり台」より高くなったのも、例示の手続きにより課題要求の理解が進んだことが影響しているものと考えられる。ただし、4歳未満の年齢区分においては、例示があっても課題要求の理解が困難な子どもが多く、例示が有効に機能するのは4歳以降であった。誤答反応についても、4歳未満の子どもは無反応であったり「わからない」と言ったりするなど、課題要求の理解が困難であることがうかがわれた。

　さらに絵並べ課題を遂行するためには、それぞれの図版の内容が理解できることに加えて、3～4枚の図版から話の起点（あるいは終点）となる図版を見つける、図版同士の関係を把握し順序立てる、などの力が求められるであろう。このうち、後者は「系列化」の能力と関係するのではないかと推測される。Piaget & Szeminska（1941 遠山・銀林・滝沢訳 1962）は、一つ一つ長さの違う10本の棒を最も短いものから最も長いものまで順番に並べる系列化課題を用いて、系列化能力の発達について検討した。この課題を解決するには、①最も短い棒を見つけ次に残りの中で最も短い棒を見つける、という一貫した原理で棒を比較検討すること、あるいは②既に並べた配列に中間大の棒を挿入する際には、前後の関係を把握した上で、挿入する箇所の片側にはより大きいものが並び、片側にはより小さいものが並ぶことを同時に確かめること、等の方略を用いることが求められる（園田，2009）。これらの方略は、

絵並べ課題においても適用可能である。例えば、提示された絵の中から、ストーリーの起点となる絵を見つけてそこから順に並べたり、一度配列した絵を確認し並べ直す過程において配列の中間に絵を挿入するという方略は、絵並べ課題においても観察されるであろう。Prifitera, Saklofske, & Weiss（2005 上野・バーンズ亀山訳 2012）が指摘するように、絵並べ課題が系列化の能力自体を測定しているわけではないのであろうが、絵並べ課題の遂行に系列化の能力が関連している可能性は考えられる。

　そこで、次に系列化課題との関連について考察する。系列化課題は、系列化する要素の数や系列化の基準（大きさや重さなど）によって難易度が変化し、達成可能な年齢も変動することが知られている（畑中・橋本・林, 2007；園田, 2009）。Piaget & Szeminska（1941　遠山・銀林・滝沢訳 1962）では、長さの系列化は8歳、重さの系列化は10歳で可能であるとされた。ただ、これは要素数が10の場合であり、要素数が少なく、大きさや長さなど視覚的に弁別できるものを対象とした系列化課題の場合、4〜5歳頃に達成可能である（Kingma, 1982）。本研究の「すべり台」や「花」の結果は、これと類似しており、系列化能力獲得の初期段階とほぼ同程度の年齢において、絵並べ課題も達成可能になるものと考えられる。また、Wang, Meltzoff, & Williamson（2015）は重りの系列化課題について、例示によって課題の達成が促進されることを報告しているが、その中でも、36か月児は例示があっても系列化には成功せず、48か月児では例示が有効であった。例示が有効な年齢が4歳以降であるという点で、本研究の結果もこれと一致する。ただ、今回の結果では、系列化能力の獲得が絵並べ課題遂行の前提条件になるのか、単に同じくらいの年齢で能力が獲得されるというだけなのかは定かではない。さらなる検討が必要であると考えられる。

　次に絵並べ課題を達成するために必要な力について、絵の内容の理解という観点から考察する。本研究の「郵便」と「競走」の下位課題は、Baron-Cohen et al.（1986）における「行動的系列」、「意図的系列」に相当し、

達成可能になる年齢は「郵便」は5歳半ば、「競走」は6歳半ばであり、1歳程度の差があった。「競走」は、人物の行為や感情について前後の出来事も踏まえて理解する必要があり、この点が達成可能な年齢の差につながったのではないかと考えられる。他者の感情や意図の理解に関しては、サリーとアンの課題（Baron-Cohen, Leslie, & Frith, 1985）やスマーティ課題（Perner, Leekam, & Wimmer, 1987）など、誤信念課題が何歳頃に理解できるのかについて研究が重ねられ、それらの研究の中では4歳頃の変化が主要な論点となってきた。一方で、日本の子どもにおいてはこれらの心の理論課題が達成可能になる年齢が諸外国に比べて遅い傾向にあることが知られている（Wellman, Gross, & Watson, 2001）。日本の幼児を対象にして、スマーティ課題の追試を行った郷式（1999）や、Wellman & Liu（2004）の心の理論課題の追試を行った東山（2007）、Naito & Koyama（2006）の結果から、日本の幼児ではおよそ6歳から7歳にかけて心の理論課題がほぼ完全に達成可能になっていくものと思われる。本研究の「郵便」や「競走」の結果はこれと類似しているが、「郵便」が達成可能な時期は心の理論課題と同等かやや先行し、「競走」が達成可能な時期は心の理論課題よりやや遅れているように思われる。ただ、本研究では心の理論課題と絵並べ課題を同時に実施していないため、心の理論課題の成否と絵並べ課題遂行との関連は明確ではない。今後さらなる検討が必要であると考えられる。

3．絵並べ課題に反映される子どもの知的能力の評価

それでは、絵並べ課題はどのような知的能力を評価していることになるのだろうか。ここでは、各下位課題が達成可能になる年齢や、例示・誤答反応の年齢区分別の出現率などを踏まえて、絵並べ課題と知的能力との関連について考察する。

近年、心の理論の研究を巡っては、心の理論の獲得と実行機能の発達との関係が議論されている（神井・藤野・小池, 2015）。実行機能とは、目的に応

じて適切な問題解決を行う精神的構えを維持する能力であるとされているが（大田，2003）、その構成要素は多岐に渡り、研究者によってその構成モデルも異なる。その中でもとくに「抑制」、「ワーキングメモリ」、「プランニング」、「シフティング」などの下位機能が、心の理論の獲得に影響しているとされている（小川・子安，2010）。絵並べ課題においても、図版を見比べて順序立てのプランを考えたり、図版を並べ替えながら当初の考えを抑制して修正したりするなど、実行機能の下位機能と関連するような反応は観察される。絵並べ課題がこのような実行機能のいくつかの下位機能について、間接的に評価している可能性も考えられるのではないだろうか。

　また、系列化能力との関係については、「ある基準に沿って順序立てる」という点で何らかの関連があると推測されるが、一方で絵並べ課題はスクリプト的な知識に基づいて絵を順序立てていくことも可能であると考えられる。絵並べ課題をどのような方略を用いて解決するかは、課題の内容によって左右され、さらには子どもによっても異なるのであろう。そのため、この課題が子どもの単一の能力を抽出して測定するものであるとは考えにくい。現実場面での課題解決の方略も、課題内容や子ども自身の能力、興味、経験によってさまざまである。ビネーは知能検査を開発するにあたり、特定の能力に注目するのではなく、課題を解決するための総合的な能力を評価しようとしており、「絵並べ課題」も同様に、特定の能力ではなく総合的な問題解決の能力を評価するものであると考えられるのではないだろうか。ただ、単一の能力と絵並べ課題を関連づけることは困難であっても、どのような知的発達の側面を評価しているのかという点についてはさらに検討が必要であろう。具体的には、特定の課題ではなく幅広い発達評価の観点と絵並べ課題の関連を検討する必要があると考え、新版K式発達検査2001と絵並べ課題を合わせて実施し、データを集積している。今後このデータをもとにさらに検討を重ねていく予定である。

今後の課題

　研究5の結果、絵並べ課題が発達を評価する指標として一定の有用性をもっていることが確認できた。一方で、絵並べ課題がどのような発達的機序によって達成可能になっていくのかという点については、十分に明らかにされていない部分も多く残されている。今後、系列化課題や誤信念課題との関連や、子どもが用いた解決方略の分析などを通して、より詳細に検討していくことが望まれる。

　発達検査は通常個別で、机上の課題を中心に実施されることが多い。そのため、課題状況で理解できていることと、現実的な場面での認識や行動は必ずしも一致するものではない。検査の目的から考えると検査場面を現実的な場面に単純に近づけることは適当ではないかもしれない。しかしながら、発達評価を日々の子どもの支援につなげていくことを考えると、子どもの日常的な生活場面との関連を考慮した上で、発達評価項目の作成、選定を行っていくことも重要である。今後、検査者との1対1の検査場面を超えて、より日常生活に則した形で、子どもの社会性の発達評価の可能性について検討していくことが必要だと思われる。

第Ⅲ部　本研究の成果と意義

第6章　各研究のまとめと研究結果に基づく発達評価モデル

第1節　各研究のまとめと研究結果

　研究1と研究2では、既存の検査項目の下位項目の適切性について検討を行った。とくに、用いられている下位項目が現在の社会環境や時代に合ったものであるかどうかを検討し、新しい下位項目の代替可能性についても検討した。

　研究1では、新版K式発達検査における語定義課題である「語の定義」について、その下位項目の適切性を検討した。語定義課題はさまざまな知能検査や発達検査で広く用いられており、対象者の言語能力を評価する上で有用な課題である。一方で、語定義課題は課題に用いる語（下位項目）によって難易度や適切性が異なる。また、下位項目の適切性はその時々の社会環境や時代背景によって変化するため、用いる下位項目が適切かどうかを検討することは重要である。新版K式発達検査2001の「語の定義」の下位項目のうち、「電話」は近年機能や形態が非常に多様化しており、「用途」についての説明を行うことを正答の基準とする「語の定義」の下位項目としてはそぐわなくなっている可能性が考えられた。そこで研究1では、「電話」に替わる下位項目として「手紙」と「鏡」を選出し、「机」、「鉛筆」、「電車」、「人形」と合わせた六つの下位項目からなる「語の定義」の課題を3歳6か月超から6歳6か月までの幼児351名を対象に実施し、年齢区分ごとにどのような反応がみられるかを調べた。その結果、「手紙」と「鏡」は他の下位項目と同様に年齢が進むとともに正答率が上昇していくことがわかり、既存の下位項目

である「人形」や「机」と類似した正答率となることがわかった。これらの結果から、「手紙」と「鏡」の下位項目は、「語の定義」において適切に利用可能であると考えられた。

　研究2では、新版K式発達検査における列挙課題である「名詞列挙」について、その下位項目の適切性を検討した。研究2-1では、新版K式発達検査2001において用いられている下位項目のうち、「獣、動物」という下位項目が、現在の社会環境においては使用に適していない可能性があると考え、検討を行った。「獣、動物」という下位項目の適切性を検討するともに、代替の下位項目についても検討を行うため、「魚」、「果物」、「動物」、「花」、「野菜」の5種類の下位項目について、小学生578名を対象に、それぞれのカテゴリー語に対してどのような語が産出されるかを調べた。多数の反応例を得るため、集団式で実施し、筆記で回答を得た。その結果、「獣、動物」については、学年が上がるごとに「名詞列挙」の正答基準に合致しない反応が増える傾向にあることがわかり、「名詞列挙」の下位項目としては適さないと考えられた。また、代替の下位項目の候補である「魚」と「花」、「野菜」のうち、「魚」については正誤判断が複雑であり、正誤の基準の明確化や反応実例集などの資料の整備が必要であるものの、「名詞列挙」の下位項目として利用可能であると考えられた。研究2-2では、5歳0か月から11歳0か月の子ども594名を対象に、「鳥」、「果物」、「魚」の三つの下位項目からなる「名詞列挙」課題を個別式で実施し、下位項目としての適切性についてさらに検討した。その結果、「魚」の下位項目について、年齢があがるにしたがって正答率が上昇していくこと、「鳥」と類似した正答率になることがわかり、下位項目としての適切性が確認された。

　研究3、研究4、研究5においては、新版K式発達検査に新しい検査項目を設定することを検討した。適切な課題を新しい検査項目として設定することができれば、より精密で多面的な発達評価が可能になるものと考えられた。

　研究3では、1歳6か月児健診など、乳幼児期における発達評価を充実さ

第 6 章　各研究のまとめと研究結果に基づく発達評価モデル　139

せることを目的として、新しい検査項目の利用可能性について検討した。研究3-1では、子どもの「ふり遊び」の発達に注目し、「慣用操作」、「自己へのふり」、「人形遊び」の課題を作成し、物の手渡し課題である「指示理解」を加えた四つの課題について、乳幼児健診における利用可能性を検討した。1歳6か月児健診において、89名の子どもを対象に、これら四つの課題を実施した。その結果、「慣用操作」と「人形遊び」は1歳6か月児健診でのスクリーニングに利用できる可能性が示された。しかし、「自己へのふり」と「指示理解」は通過率が低く、1歳6か月児健診のスクリーニングに用いるには不適当と考えられた。研究3-2では、これらの課題が健診後のフォローアップでも利用可能であるかどうかを確かめるために、研究3-1とは別に新たに0歳8か月から3歳の子ども112名を対象に四つの課題を実施し、年齢別の通過率を調べた。結果として「指示理解」、「人形遊び」および「慣用操作」については、さらなる検討を要する点は残されているが、1歳6か月児健診のスクリーニングやその後のフォローアップに活用できる可能性が示された。その一方で「自己へのふり」は発達スクリーニングや発達検査等の場面での使用に適さないことが示唆された。

　研究4では、幼児期の発達評価におけるじゃんけん課題の有用性について検討した。対象者は、生後12か月（1歳0か月）から84か月（7歳0か月）未満の幼児と児童569名であった。じゃんけん課題は、じゃんけんの三すくみ構造をもとに「手の形の理解課題」、「勝ち判断課題」、「負け判断課題」の三種類の課題が作成され、各課題の年齢区分別正答率が算出された。また、新版K式発達検査にじゃんけん課題を取り入れることの妥当性について調べるために、全対象者に新版K式発達検査2001を併せて実施した。その結果、じゃんけん課題はいずれも1歳から7歳までに正答率が0％から100％まで推移し、「手の形の理解課題」は2歳7か月頃、「勝ち判断課題」は4歳9か月頃、「負け判断課題」は5歳4か月頃に達成可能になることがわかった。研究4の結果から、じゃんけん課題はじゃんけんの理解について段階的に評価

できる有効な手法であると考えられた。また，じゃんけん課題の成否と新版K式発達検査2001の発達年齢との間で有意な相関が認められ、発達評価において有効に活用できることが示唆された。

　研究5では、発達評価における絵並べ課題の有用性を検討した。44月（3歳8か月）から107月（8歳11か月）の幼児および学童児349名を対象に、独自に作成した4種類の絵並べ課題を実施し、各課題の年齢区分別正答率を調べた。本研究では絵並べ課題のストーリーの内容に注目し、Baron-Cohen, Leslie, and Frith（1986）が用いた課題を参考に、4種類の絵並べ課題を作成した。課題は、ストーリーの内容によって「機械的系列」、「行動的系列」、「意図的系列」の三つのカテゴリーに分類され、最も容易な「機械的系列」の課題によって絵並べ課題の課題要求が理解可能になる年齢を調べ、次に、人の行為や意図に関する理解が必要な「行動的系列」や「意図的系列」がそれぞれ何歳頃に達成可能になるのかを調べた。本研究の結果、すべての課題において3歳から7歳までに正答率が0％から100％近くまで推移し、機械的系列は4歳半頃、行動的系列は5歳後半、意図的系列は6歳半頃に達成可能になることがわかった。また課題間には明確な難易度の差があり、絵並べ課題のストーリーの内容によって課題を解決するために必要とされる知的能力が異なることが示唆され、適切なカテゴリー設定を行うことで絵並べ課題を発達評価に利用できる可能性が示された。

第2節　乳幼児期における発達評価モデルの提案

1．各研究の位置づけ

　本研究では、新版K式発達検査の精密化を目的として行った五つの研究とその結果を報告してきた。とくに、研究4から研究6は、検査項目を新しく設定することを目的としており、発達評価の観点を具体的に拡充しようとするものであった。

そこで、本研究において検討してきた「ふり遊び」課題、「物の手渡し」課題、「じゃんけん」課題、「絵並べ」課題も含めた新版K式発達検査の評価モデルを、新版K式発達検査2001の検査用紙を拡充する形で示す。検査用紙の第3葉にあたる部分を Table 6-2-1 に、検査用紙の第4葉にあたる部分を Table 6-2-2 に示した。なお、各課題を検査用紙上に配置するにあたっては、それぞれ50％通過年齢（当該課題におよそ半数の子どもが通過するようになると推定される年齢）に応じた年齢区分に配置するようにした。すなわち、検査用紙第3葉においては、「慣用操作」は「1:0-1:3」の年齢区分に、「人形遊び」は「1:6-1:9」の年齢区分に、「指示理解」は「1:9-2:0」の年齢区分に、じゃんけん課題の「手の形の理解」は「2:6-3:0」の年齢区分に、それぞれ配置された。

　また、検査用紙第4葉においては、じゃんけん課題の「勝ち判断」は「4:6-5:0」の年齢区分に、じゃんけん課題の「負け判断」は「5:0-5:6」の年齢区分に、「絵並べ2/4」は「5:0-5:6」の年齢区分に、「絵並べ3/4」は「6:0-6:6」の年齢区分に、それぞれ配置された。

　新版K式発達検査2001において、検査用紙第3葉（Table 6-2-1）の認知・適応領域（C-A）の項目数が33個であるのに対して、言語・社会領域（L-S）の項目数は18個と、検査項目の数が大きく異なる状況であった（松下・生澤, 2003）。本研究の結果、検査用紙第3葉の言語社会領域の項目数を22個まで増加させられる可能性があり、まだ項目数の偏りは残るものの、一定の改善が期待される。

　検査用紙第4葉（Table 6-2-2）については、認知・適応領域と言語・社会領域で検査項目の数には大きな差はなく、新版K式発達検査2001においては、それぞれ23個と27個であった。しかしながら、言語・社会領域の27項目のうち、数の理解に関する項目（「数選び」や「13の丸」など）が14項目、文や数の復唱課題が3項目を占め、言語理解や対人・社会性の発達について評価できる検査項目は相対的に少ない状況であった。本研究で検討してきた「じゃん

Table 6-2-1　本研究の成果を踏まえた新版 K 式発達検査の検査用紙案（第 3 葉）

		1:0-1:3	1:3-1:6	1:6-1:9	1:9-2:0	2:0-2:3	2:3-2:6	2:6-3:0
姿勢運動		歩く2·3歩			両足跳び	飛び降り		
			片手指示登る	片手指示降りる	手すりで投降			交互に足を出す
認知・適応領域		積木の塔2	積木の塔3	積木の塔5	積木の塔6	積木の塔8		四角構成例後
							トラックの模倣	
		丸棒例後		角板例後	角板例前			家の模倣
		瓶から出す		形の弁別I 1/5	形の弁別I 3/5		形の弁別II 8/10	
			はめ板全例無					
			円板回転	はめ板回転			折紙1	折紙II
		なぐり描き例前		円錯画模倣		横線模倣		円模写
							縦線模倣	十字模写例後
			予期的追視	入れ子3個			入れ子5個	
C-A		包み込む	2個のコップ	3個のコップ		記憶板		
言語・社会領域						2数復唱		3数復唱
							大小比較	長短比較
			語彙3語		絵の名称I 3/6	絵の名称I 5/6	絵の名称II 3/6	絵の名称II 5/6
		指さし行動		絵指示			用途絵指示	色の名称 3/4
		慣用操作		人形遊び				手の形の理解
					指示理解			姓名
				身体各部				年齢
L-S					表情理解 I			表情理解 II

※　新しく配置した項目名をグレーの網掛けで示した

Table 6-2-2　新版K式発達検査2001の検査用紙案（第4葉）

		3:0-3:6	3:6-4:0	4:0-4:6	4:6-5:0	5:0-5:6	5;6-6:0	6:0-6:6
姿勢運動		ケンケン						
認知・適応領域			四角構成例前					
				模様構成I 1/5	模様構成I 2/5		模様構成I 3/5	模様構成I 4/5
		門の模倣例後	門の模倣例前			階段の再生		
					玉つなぎ			
		折り紙Ⅲ						
		十字模写例前		正方形模写		三角形模写		
			人物完成 3/9		人物完成 6/9		人物完成 8/9	
		重さの比較例後	重さの比較例前					
C-A			積木叩き 2/12	積木叩き 3/12	積木叩き 4/12	積木叩き 5/12	積木叩き 6/12	
言語・社会領域			4数復唱					5数復唱
		短文復唱I						
				指の数左右	指の数全			打数数え
		四つの積木	13の丸10まで	13の丸全	5以下の加算 2/3	5以下の加算 3/3		
			数選び3	数選び4	数選び6	数選び8		
					13の丸理解I		13の丸理解II	
						絵並べ 2/4		絵並べ 3/4
			色の名称 4/4			硬貨の名称		
					勝ち判断	負け判断		絵の叙述
				左右弁別全逆			左右弁別全正	
		性の区別				語の定義		
L-S		了解I		了解II		了解Ⅲ		

※　新しく配置した項目名をグレーの網掛けで示した

けん」課題や「絵並べ」課題は、対人・社会性の評価に関する部分を補うことが期待され、新版K式発達検査の精密化に寄与できるものと考えられる。

2．乳幼児期の発達評価モデルとは

　本研究では、五つの研究の中で、さまざまな検査項目の適切性や有用性について検討してきた。これらの研究のうち、「ふり遊び」や「じゃんけん」などは従来から発達研究の中で注目されてきたテーマであり、本研究においても「ふり遊び」や「じゃんけん」に関する発達研究のさまざま知見に基づいて検討を進めてきた。

　一方で、本研究で検討してきたのはあくまでもこれらの課題が発達評価の場面において適切かつ有効に活用できるかどうかという点である。つまり、個別の発達検査という場面設定の中で、有効に活用できるかどうかが重要であった。それゆえ、発達研究の中で重要な指標と思われるものでも、個別の検査場面において有効に機能しなければ、検査項目としての適切性、有用性があるとは言えないことになる。例えば、「自分に対する"ふり"がみられるかどうか」は「ふり遊び」に関する発達研究において重要な指標であると思われるが、本研究で作成した「自己へのふり」においては、子どものふりが適切に観察されず、個別の発達評価の場面では利用に適さないと判断された。

　そのため、本研究の結果を整理するにあたり、本研究の成果として提示されるものは発達研究の結果に基づく発達モデルではなく、個別的な検査場面において観察し得る、子どもの発達評価の視点をまとめた「発達評価モデル」であると考えられる。

　また、本研究で検討した課題は、従来の新版K式発達検査の検査項目から完全に独立したものではなく、互いに関連し、発達評価の指標として補完しあう関係になるものと考えられる。

　そこで、新版K式発達検査の言語・社会領域について、本研究で検討して

きた検査項目も含めた乳幼児期の発達評価モデルの案を Figure 6-2-1 に示した。

Figure 6-2-1 において、本研究で新しく配置することを検討した項目（「慣用操作」、「人形遊び」、「指示理解」、「手の形の理解」、「勝ち判断」、「負け判断」、「絵並べ2/4」、「絵並べ3/4」）はグレーの網掛けで示した。また、下位項目の変更について検討した検査項目（「語の定義」、「名詞列挙」）は横縞の模様で示した。

Figure 6-2-1 において、「原初的な象徴機能」に関連すると思われる項目は、今回新たに検討した「慣用操作」、「人形遊び」、「手の形の理解」であった。これまでの新版K式発達検査において評価の対象となっていなかった「象徴機能」の発達に着目した項目を配置できたことが、本研究の成果の一つである。

また、「勝ち判断」、「負け判断」、「絵並べ2/4」、「絵並べ3/4」は「習慣・社会的経験・社会スキル」に関連すると考えられる。新版K式発達検査において「習慣・社会的経験・社会スキル」の評価に関連すると思われる検査項目は他にも存在するが、それらの検査項目は「了解」など、主として子どもの言語反応を評価する課題であった。そのため、対人コミュニケーションの問題から、音声言語によるやりとりにおいて適切な表現や説明ができない子どもの場合、「習慣・社会的経験・社会スキル」としては理解できていたとしても、通過・不通過という検査の結果には反映されない可能性がある（門, 2015）。そのため、「習慣・社会的経験・社会スキル」について、言語反応によらない形で評価できる項目を配置できたことは、乳幼児期の発達評価において非常に有用な点であると思われ、本研究の成果であると考えられる。

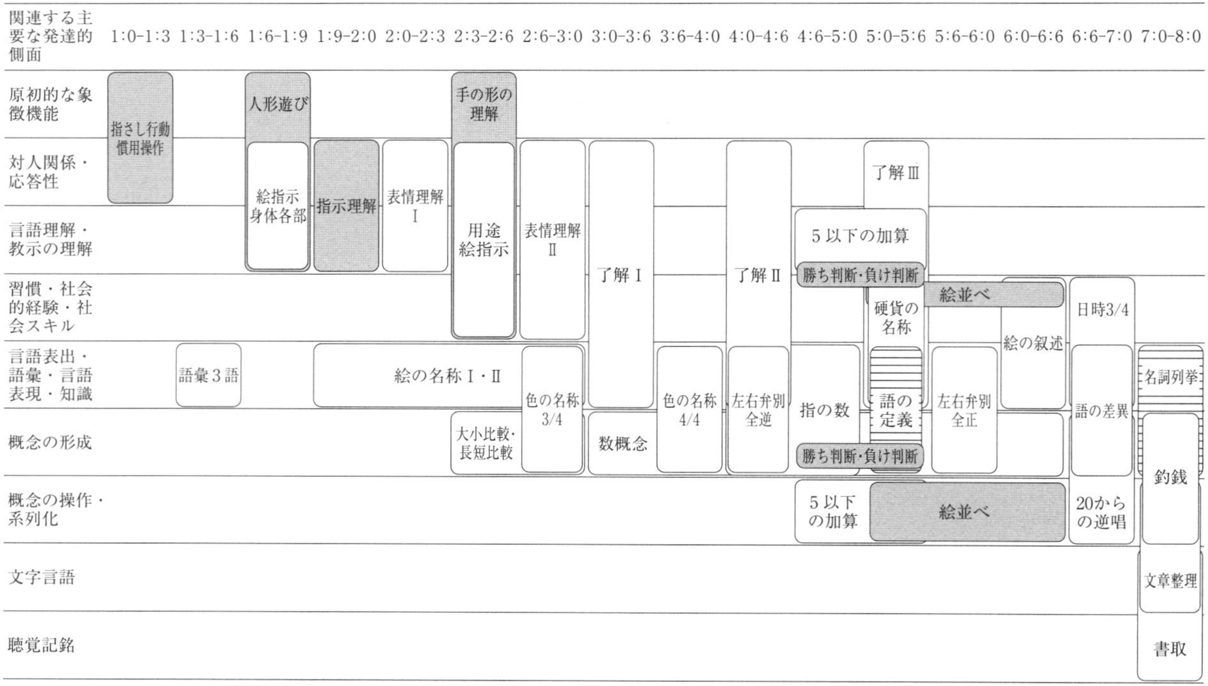

146　第Ⅲ部　本研究の成果と意義

Figure 6-2-1　本研究の結果に基づく新版K式発達検査改訂版の発達評価モデル案

関連する主要な発達的側面	1:0-1:3	1:3-1:6	1:6-1:9	1:9-2:0	2:0-2:3	2:3-2:6	2:6-3:0	3:0-3:6	3:6-4:0	4:0-4:6	4:6-5:0	5:0-5:6	5:6-6:0	6:0-6:6	6:6-7:0	7:0-8:0

原初的な象徴機能：人形遊び／指さし行動・側用操作

対人関係・応答性：手の形の理解

言語理解・教示の理解：絵指示・身体各部／指示理解／表情理解Ⅰ／用途絵指示／表情理解Ⅱ／了解Ⅰ／了解Ⅱ／了解Ⅲ

習慣・社会的経験・社会スキル：絵並べ／左右弁別／左右弁別全正／日時3/4

言語表出・語彙・言語表現・知識：語彙3語／絵の名称Ⅰ・Ⅱ／色の名称3/4／色の名称4/4／傾貨の名称／絵の叙述／語の差異／名詞列挙

概念の形成：大小比較・長短比較／数概念／指の数／語の定義

概念の操作・系列化：5以下の加算／勝ち負け判断／絵並べ／20からの逆唱／5以下の加算／勝ち負け判断

文字言語：釣銭／文章整理／書取

聴覚記銘

*1　本研究において新しく設定することを検討した項目を網掛けで，下位項目の変更を検討した項目を横縞の模様で示した。
*2　このモデルは，各検査項目と関連すると思われる主要な発達的側面に基づいて整理したものであり，これ以外の要因が関連する可能性を否定するものではない。

第7章　発達アセスメントにおける新版K式発達検査の役割と今後の課題

第1節　知的発達水準の評価と発達特性の評価

　本書において、新版K式発達検査の精密化について検討してきたが、検討における一つの要点が、社会性の発達も含めた総合的な発達評価が行えるようにすることが可能かどうかという点であった。新版K式発達検査の従来の検査内容においては、対人・社会性の発達の評価については、基本的に臨床観察に頼らざるをえなかった。今回検討した「慣用操作」、「人形遊び」、「指示理解」、「手の形の理解」、「勝ち判断」、「負け判断」、「絵並べ2/4」、「絵並べ3/4」は、いずれも「象徴機能」や「習慣・社会的経験・社会スキル」と関連すると考えられる項目であり、対人・社会性の発達についての評価という観点からも、有効に活用できると考えられる。

　一方で、新版K式発達検査は対象者の全体的な発達状態について理解することを目的として用いられており、発達の水準や、発達の諸側面の様相について幅広く多面的に評価することが求められる。つまり、発達障害の特性や社会性の発達を評価することが中心的な目的ではなく、あくまでも全般的な発達の水準を評価することが主眼である。

　さまざまな障害の診断の基準であるDSMにおいても、DSM-Ⅴへの改訂の際に、自閉スペクトラム症の診断基準から知的障害の有無は完全に切り離され、自閉スペクトラム症をはじめとする発達障害の特性と知的発達の水準はそれぞれ独立したものであることが明確化された（American Psychiatric Association, 2013　髙橋・大野監訳 2014）。そのため、発達障害の特性の程度や、

社会性の発達について詳細な評価が必要な場合には、必要に応じて、別の検査を用いて、テストバッテリーを組むことも必要である（氏原・成田，2000）。例えば発達障害の特性の評価であれば、CARS小児自閉症評価尺度（Schopler, Reichler, & Renner, 1986　佐々木訳 1989）や MSPA（発達障害の要支援度評価尺度：Multi-dimensional Scale for PDD and ADHD；船曳，2016）、社会性の評価であれば新版 S-M 社会能力検査（旭出学園教育研究所，1980）や Vineland-Ⅱ適応行動尺度（Sparrow, Cicchetti, & Balla, 2005　黒田・伊藤・萩原・染木監訳 2014）などが活用できる。しかしながら、対象者の行動から発達障害の特性や社会性を評価するためには、前提として対象者の知的発達の水準を理解しておくことが重要である（船曳，2016）。そのため、知的発達の水準を評価し、さらに発達障害や社会性について評価する必要性を判断するためには、発達の諸側面について幅広く情報を収集することが重要となる。新版K式発達検査に社会性の観点を含めた項目を取り入れることは、基本的な発達アセスメントツールとしての有用性をさらに向上させることにつながるものと期待される。

新版K式発達検査のこれから

本書では、新版K式発達検査の改訂版作成をめぐるさまざまな課題について検討してきたが、一方では多くの検査項目や基本的な検査構造は新版K式発達検査2001のものを踏襲する予定である。

この方針が選択された理由の一つとして、臨床的な知見を重視したことが挙げられる。各種の検査項目における子どもの反応は、必ずしも検査項目が設定された時点で想定された範囲には留まらず、非常に多様である。子どもは発達水準に起因する反応だけでなく、注意や興味、経験など、他のさまざまな要因による多様な反応を見せてくれる。とくに臨床例における反応内容については、検査者や検査機関の長年の経験の中で臨床的な知見として蓄積され、事例検討等において、さまざまな臨床的な解釈が可能であるものと考

えられている（西尾，2005：清水，2012）。検査項目の内容を変更したり、項目自体を削除した場合、このような臨床的な知見が失われることにもつながると考えられるため、変更は最小限に留め、ほとんどの検査項目については従来の検査内容を踏襲していく方針である。

　一方でこの判断は、知能検査等をめぐる近年の傾向とは異なるものである。近年、知能検査の分野で重視されるようになってきているものとして、CHC理論が挙げられる。CHC理論とは、現在の知能研究において有力と考えられている3人の知能研究者（Cattell-Horn-Carroll）の名前を取ったものであり、知能検査の分野においては、当該の検査がこのCHC理論に準拠するかどうかということが重要視されるようになってきている（三好・服部，2010）。また近年では、同じ知能検査がさまざまな国や言語において翻訳され、共通して利用されるようになってきている。これは知能研究の成果が国際的に共有されていることの表れでもあり、国際的に標準化された検査を使うことで国際比較研究が行えるメリットは大きい。また、世界的にグローバル化が進行している状況の中、知能検査も必然的にグローバル化を迫られているとも言えるかもしれない。このような状況の中、近年の知能検査は、検査課題に「文化的要素」をなるべく含まないように努めていることがうかがえる。文化的要因に影響されない、人間の根本的な認知機能を測定しようとしているためであり、さらに国際的使用ということを考えた場合、文化的要素が強いと国際化自体が成り立たない場合があることも影響しているのではないだろうか。

　それに対して新版K式発達検査は、検査内容に文化的な要素を多く含んでいる。本書において検討した「じゃんけん課題」についても、じゃんけんが幅広い年齢層で頻繁に用いられているという日本特有の状況を踏まえて検査項目として考案したものであり、同様の課題が諸外国や他言語でも適用できるとは必ずしも言えない。このことが検査として適切かどうかは、今後も議論されるべき点であるが、一方で、「発達検査」で測定しようとする「発達」

も、やはり一定程度文化の影響を受けているものではないかと考えられる。子どもの育ちは、時代や文化の影響を確実に受けている。では、それを調べる検査とはどうあるべきなのであろうか。「発達」とは何かという問いに立ち返りながら、引き続きよりよい発達検査のあり方について考えていきたい。

第2節　今後の課題

　本研究の結果、乳幼児期の発達評価に用いることが可能と考えられる、「慣用操作」、「人形遊び」、「指示理解」、「手の形の理解」、「勝ち判断」、「負け判断」、「絵並べ2/4」、「絵並べ3/4」の項目を配置し、既存の項目である「語の定義」と「名詞列挙」についても下位項目の変更について検討することができた。これにより、さらに多面的かつ精密な発達評価が可能になるものと考えられ、新版K式発達検査の精密化に向け具体的な成果が得られたものと考えられる。

　本研究で新しく取り入れることを検討した検査項目は、いずれも乳幼児期の対人・社会性の発達に関連するものであった。今後、臨床例における実践研究や、他の評価尺度との比較検討を積み重ね、これらの検査項目が子どもの発達のどのような側面を評価しているのかという点についてさらに検討を重ねていくことが必要である。これらの検討を通して、本研究において提示した発達評価モデルについて、モデルの検証と修正を重ねていくことが求められる。

　また、本研究においては、新版K式発達検査の検査構造のうち、主に乳幼児期の検査内容を中心に検討を行った。これは、新版K式発達検査が最も適用されやすいのが乳幼児期であるためであるが（氏原・成田, 2000）、それ以外の年齢区分における検査内容についての検討も、課題として残されている。とくに、新版K式発達検査2001において追加された成人期の検査内容については、まだ臨床的な事例の集積も少なく、十分な検討が行われているとはい

えない。また、成人期においては、検査の結果として算出される発達指数の
ばらつきが大きく、標準偏差が20を超える領域や年齢区分も存在する（生
澤・大久保, 2003）。そのため、他検査との比較検討における問題や、療育手
帳の判定業務等における運用上の問題があることが指摘されている（中鹿,
2006；門, 2015）。成人期において標準偏差が大きくなっていることにはいく
つかの理由があるが、とくに認知・適応領域において標準偏差が大きくなっ
ていることが確認されている（生澤・大久保, 2003）。これは一つには、学童
期から成人期を対象とした検査用紙第5葉・第6葉においては、認知・適応
領域に検査項目の数が相対的に少なく、評価の精度が低くなっている可能性
が考えられる。

　得点から発達年齢を求める際には「得点・発達年齢換算表」が用いられ、
得点ごとにそれぞれ該当する発達年齢に換算される。しかしながら、成人期
の検査項目は1項目あたり10点の得点として計算されるため、実質的には10
点刻みの換算表となっている（生澤・松下・中瀬, 2002）。また、生活年齢終
末修正により、21歳7か月以上の対象者はすべて生活年齢が18歳0か月
（216月）であるものとして計算される。発達年齢が一定で上限を向かえるの
に対して、生活年齢は単調増加を続けていくため、発達年齢と生活年齢の比
で示される発達指数は、成人後は年齢が進むにしたがって次第に低く算出さ
れるようになってしまう。そのため、不合理な発達指数が算出されないよう、
修正年齢を用いるわけである。例えば、21歳7か月以上の「成人」を対象に
実施した場合、認知・適応領域の得点が602点の場合は発達年齢が182月、発
達指数が84であるのに対して、得点が612点の場合は発達年齢が205月、発達
指数が95になるなど、部分によっては一つの項目の通過、不通過で発達指数
が10前後変動することがある。このように、成人期の発達評価においては、
評価の精度が粗くなっている可能性が考えられる。

　検査項目の数が相対的に少ないという問題に対応するため、現在、学童期
以降の認知・適応領域の検査内容を拡充することを目的として、「図形折紙」

や「幾何学的推理」など、いくつかの新しい検査項目について、設定可能かどうかを検討している（大谷・清水・清水, 2017）。今後、これらの項目の利用可能性についての検討を重ねながら、成人期の検査内容についても精密化を図っていくことが必要である。

　さらに、発達指数のばらつきが大きくなっている要因の一つとして、発達年齢と生活年齢の比で発達指数を算出するという、比率式の発達指数を用いていることが挙げられる。精神年齢と生活年齢の比を用いるという手法は、Terman（1916）が「知能指数」を考案した際に最初に用いた計算方法であり、知的発達の水準と実年齢との対比を直感的にわかりやすく示すことができるというメリットはあるが、さまざまな問題点も指摘されており、既に多くの知能検査や発達検査では偏差値式の指数が用いられるようになっている。新版K式発達検査においては、子どもの発達を表す指標として発達年齢を重視し、また偏差値方式の指数は重度の知的障害がある対象者には適用し難いことから、新版K式発達検査2001への改訂の際にも比率式の発達指数を継続して採用したという経過がある（大久保, 2005）。しかしながら、成人級においてはそもそも発達年齢という表現がなじまないこともあり、田中ビネー知能検査では、田中ビネー知能検査Vへの改訂にともなって14歳以上の対象者については偏差知能指数が算出されるようになった（田中教育研究所, 2003）。田中ビネー知能検査Vでは、重度の知的障害者を対象に実施する場合を想定し、必要に応じて従来の比率式の知能指数も算出できるように配慮されており、適切な工夫と対応を行うことで、従来の利点を損なわないまま適切に発達指数を算出することも可能と考えられる。発達指数をどのような方式で算出するのが適切かという点については、成人級の検査項目の拡充という試みとともに、継続して検討していくべき課題である。

　広範な年齢の対象者に適用可能である点は、新版K式発達検査の特徴の一つである。今後は、新版K式発達検査の精密化について、乳幼児期における検査項目の拡充にとどまらず、さらに幅広い年齢と内容について、継続的に

検討を重ねていくことが必要である。

引 用 文 献

Achenbach, T (2000). *Child behavior checklist for ages 1½-5*. Burlington: ASEBA. (船曳康子 (2015). 日本語版 ASEBA 質問紙 CBCL1.5-5 子どもの行動チェックリスト1歳半から5歳用 京都：京都国際社会福祉センター)

秋田清 (1980). 50のカテゴリーに属する語の出現頻度表 人文學 (同志社大学人文学会), *135*, 42-87.

American Psychiatric Association (2013) *Diagnostic and Statistical Manual of Mental Disorders, Fifth Edition* Washington D. C.: American Psychiatric Association (髙橋三郎・大野裕 (監訳) (2014). DSM-5 精神疾患の診断・統計マニュアル 東京：医学書院)

旭出学園教育研究所・日本心理適性研究所 (1980). 三木安正 (監修) 新版 S-M 社会生活能力検査手引 日本文化科学社

Bannalyne, A. (1974). Diagnosis: A note on recategorization of the WISC scaled scores. *Journal of Learning Disabilities, 7*, 272-274.

Barkley, R, A. (1997). Behavioral inhibition, sustained, attention, and executive functions: Constructing a unifying theory of ADHD. *Psychological Bulletin, 121*, 65-94.

Baron-Cohen, S., Leslie, A. M., & Frith, U. (1985). Does the autistic child have a "theory of mind"? *Cognition, 21*, 37-46.

Baron-Cohen, S., Leslie, A. M., & Frith, U. (1986). Mechanical, Behavioural and Intentional understanding of picture stories in autistic children. *British Journal of Developmental Psychology, 4*, 113-125.

Bayles, K. A., Salmon, D. P., Tomoeda, C, K., & Jacobs, D. (1989). Semantic and letter category naming in Alzheimer's patients: A predictable difference. *Developmental Neuropsychology, 5*, 335-347.

Beebe, W. D., Pfiffner, J. K. & McBurnet, K. (2000). Evaluation of the Validity of the Wechsler Intelligence Scare for Children - Third Edithion Comprehension and Picture Arrangement Subtests as Measures of Social Intelligence. *Psychological Assessment, 12*, 97-101.

Binet, A., & Simon, T. (1905). Me Âthodes nouvelles pour le diagnostic du niveau intellectuel des anormaux. *L'Anne Âe Psychologique, 11*, 191-244.

Binet, A., & Simon, T. (1908). Le de Âveloppement de l'intelligence chez les enfants. *L'Anne Âe Psychologique, 14*, 1-90.

Binet, A, & Simon, T. (1921). *La mesure du développement l'inntelligence chez les jeunes enfants*. Paris: Armond Colin.（大井清吉・山本良典・津田敬子（訳）(1977). ビネ知能検査法の原典　東京：日本文化科学社）

Binnie, L., & Williams, J. (2003). Intuitive psychology and physics among children with autism and typically developing children. *Autism, 7*, 173-193.

Boake, C. (2002). From Binet-Simon to the Wechsler-Bellevue: Tracing the history of intelligence testing. *Journal of Clinical and Experimental Neuropsychology, 24*, 383-405.

Brannigan, G. G. (1975a). Wechsler Picture Arrangement and Comprehension scores as measures of social maturity. *Journal of Psychology, 89*, 133-135.

Brannigan, G. G. (1975b). Wechsler Picture Arrangement scores and children's problem solving. *Journal of Psychology, 91*, 197-200.

Campbell, J. M., & McCord, D. M. (1999). Measuring social competence with the Wechsler Picture Arrangement and Comprehension subtests. *Assessment, 6*, 215-224.

Cattell, J, M. (1890). Mental tests and measurements. *Mind, 15*, 373-381.

Doll, E. A. (1953). *The measurement of social competence: a manual for the Vineland social maturity scale*. Educational Test Bureau, Educational Publishers.

遠城寺宗徳・合屋長英（1977）．遠城寺式乳幼児分析的発達検査法　慶応通信

E. ショプラー・茨城俊夫（2007）．自閉児発達障害児教育診断検査　心理教育プロフィール（PEP-3）の実際　東京：川島書店

Fivush, R. & Slackman, E. (1985). The acquisition and development of scripts. In K. Nelson (Ed.), *Event Knowledge*, Lawrence Erlbaum Associates. Pp71-96.

藤田和弘・上野一彦・前川久男・石隈利紀・大六一志（2005）．WISC-Ⅲアセスメント事例集　理論と実際．東京：日本文化科学社

藤田豊（1989）．ジャンケン動作に於ける同期パターンの出現メカニズムとその発達　教育心理学研究, *37*, 135-143.

藤田豊（1990）．ジャンケン動作に於ける同期パターンの出現メカニズムとその発達（Ⅱ）──自己内での構音動作と腕振り動作の統合化の発達──　教育心理学研究, *38*, 189-197.

船曳康子（2016）．MSPA（Multi-dimensional Scale for PDD and ADHD：発達障害の要支援度評価尺度）　京都：京都国際社会福祉センター

布施光代（2003）．子どもにおける生物概念の発達　──子どもの生物学的世界における「ヒト」の位置──　名古屋大学大学院教育発達科学研究科紀要　心理発達科学, *50*, 61-70.

二川敬子・高山佳子（2013）．発達障害児の対人交渉方略　──心の理論との関連から──　横浜国立大学大学院教育学研究科教育相談・支援総合センター研究論集, *13*, 47-56.

Galton, F. (1869). *Hereditary Genius*. London: Macmillian

Gao, J., Su, Y., Tomonaga, M., & Matsuzawa, T. (2018). Learning the rules of the rock-paper-scissors game: Chimpanzees versus children. *Primates, 59*, 7-17.

Gesell, A., & Amatruda , C. S. (1941). The Embryology of Behavior: The beginning of the human mind. Harper & Brothers. NewYork.（新井清三郎（訳）（1978）．行動の胎生学　日本小児医事出版社）

Gesell, A., & Amatruda , C. S. (1941). *Developmental diagnosis: Normal nad abnormal child development, clinical methods and pediatric applications*. Harper & Brothers. NewYork.（佐野保・新井清三郎（訳）（1958）．発達診断学　──小児の正常発達と異常発達──　日本小児医事出版社）

郷間英世・大谷多加志・大久保純一郎（2008）．現代の子どもの描画発達の遅れについての検討　奈良教育大学教育実践総合センター研究紀要, *17*, 67-73.

郷間英世・大谷多加志・牛山道雄・小谷裕実・落合利佳・池田友美（2013）．K式発達検査の標準化資料から検討した最近の子どもの発達像の変化　──1954、1983、2001年の年齢別通過率を用いた項目ごとの変化の検討──　京都教育大学紀要, *123*, 131-140.

郷式徹（1999）．幼児における自分の心と他者の心の理解　──「心の理論」課題を用いて──教育心理学研究, *47*, 354-363.

原口喜充・大谷多加志（2016）．保育士は新版K式発達検査2001をどのように捉えているのか？　──検査との関わりが比較的多い保育士へのインタビューから──　京都国際社会福祉センター紀要発達・療育研究, *32*, 3-12.

畑中愛・橋本創一・林安紀子（2007）．幼児の系列化の初期発達過程に関する研究　──系列絵カードマッチング課題と棒通し課題による検討──　東京学芸大学紀要総合教育科学系, *58*, 459-465.

Herrell, J. M., & Golland, J. H. (1969). Should WISC subjects explain Picture Arrangement stories? *Journal of Consulting and Clinical Psychology, 33*, 761-762.

Hudson, J., & Nelson, K. (1983). Effect of script structure on children's story recall. *Developmental Psychology, 19*, 625-635.

生澤雅夫（1988）．発達検査の歴史　――統計と標準化の問題点――　別冊発達, *8*, Pp22-32.

生澤雅夫（1996）．発達をとらえる視点をめぐって　――総括に代えて――　京都国際社会福祉センター紀要発達・療育研究1996年別冊, 73-79.

生澤雅夫（1999）．K式発達検査法の再改訂についての研究　――尺度の精緻化と発達指導法の体系化――　平成9・10年度私立大学等経常費補助金特別補助「高度化の推進」大学院重点特別経費研究科共同研究報告書（別冊）

生澤雅夫・中瀬惇・松下裕（編著）嶋津峯眞（監修）（1985）．新版K式発達検査法　発達検査の考え方と使い方　ナカニシヤ出版

生澤雅夫・松下裕・中瀬惇（編著）（2002）．新版K式発達検査2001実施手引書　京都：京都国際社会福祉センター

生澤雅夫・大久保純一郎（2003）．「新版K式発達検査2001」再標準化資料集　京都国際社会福祉センター紀要発達・療育研究2003年別冊, 21-63.

伊藤恵美（2006）．言語流暢性検査に関する神経心理学的研究　名古屋大学大学院環境学研究科博士論文　http://ir.nul.nagoya-u.ac.jp/jspui/handle/2237/11208（2017年8月取得）

石田有理（2011）．幼児の属性間の因果関係に基づくカテゴリー判断の発達　教育心理学研究, *59*, 39-50.

礒部美也子（2013）．自閉症スペクトラム児における新版K式発達検査の経年的変化と下位検査項目の通過・不通過特徴について　発達, *136*, 86-93.

礒部美也子（2017）．新版K式発達検査結果における個人内差検討のための分析・表記方法について　――通過・不通過項目の経年的変化と自閉症スペクトラムの特性検討に視点をあてて――　奈良大学紀要, *45*, 109-124.

岩知道志郎・大谷多加志（2012）．反応実例から検査項目の意味を考える　京都国際社会福祉センター紀要発達・療育研究2012年別冊, 11-30.

門眞一郎（2015）．児童精神科医から見た新版K式発達検査　――支援のためのアセスメント・ツールとして――　京都国際社会福祉センター紀要発達・療育研究2015年別冊, 9-14.

神井享子・藤野博・小池敏英（2015）．自閉症スペクトラム障害における心の理論と実行機能の関係についての研究動向　東京学芸大学紀要：総合教育科学系,

66, 319-332.

Kaufman, A. S., & Kaufman, N. L. (1983). *Kaufman Assessment Battery for Children*. Circle Pines, MN: American Guidance Service.

Kaufman, A. S., & Kaufman, N. L. (2004). *Kaufman Assessment Battery for Children Second Edition*. Circle Pines, MN: American Guidance Service.

川畑隆・菅野道英・大島剛・宮井研治・笹川宏樹・梁川惠・伏見真里子・衣斐哲臣 (2005). 発達相談と援助 ──新版K式発達検査2001を用いた心理臨床── 京都：ミネルヴァ書房

木村直子 (2009). 幼児健康診査における「発達障害」スクリーニングの手法　鳴門教育大学研究紀要, *24*, 13-19.

Kingma, J. (1982). A Criterion problem: The use of different operationalization in seriation research. *Perceptual and Motor Skills, 56*, 1303-1316.

Kochanska, G. (2002). Committed compliance, moral self, and internalization: A mediational model. *Developmental Psychology, 38*, 339-351.

小枝達也 (2008). 5歳児健診 ──発達障害の診断・指導エッセンス── 診断と治療社

権静香・中山政弘 (2016). 発達障害に特化したアセスメントに基づく個別療育の取り組みの見直しについて　福岡県立大学心理臨床研究研究, *8*, 3-10.

厚生省 (1965). 母子保健法
http://wwwhourei.mhlw.go.jp/cgibin/t_docframe2.cgi?MODE=hourei&DMODE=SEARCH&SMODE=NORMAL&KEYWORD=%95%ea%8e%71%95%db%8c%92%96%40&EFSNO=1705&FILE=FIRST&POS=0&HITSU=0（2015年3月取得）

小山正 (2002). 子どもの象徴遊びとことばの発達　こころとことば, *1*, 43-50.

小山正 (2009). 言語獲得期の発達　京都：ナカニシヤ出版

Krippner, S. (1964). WISC comprehension and picture arrangement subtests as measures of social competence. *Journal of Clinical Psychology, 20*, 366-367.

京都市児童院指導部 (1962). K式乳幼児発達検査の手引　京都市児童相談所紀要特別号

京都市児童相談所 (1975). K-B個別知能検査手引　京都市児童相談所

Leslie, A. M. (1987). Pretense and representation: The origins of "Theory of mind". *Psychological Review, 44*, 412-426.

Lipsitz, J. D., Dworkin, R. H., Erlenmeyer-Kimling, L. (1993). Wechsler comprehension and picture arrangement subtests and social adjustment. *Psychological*

Assessment, 5, 430-437.

前川喜平 (1974). 運動発達 小児医学, *7*, 321-352.

松下裕 (2012). 発達アセスメントと支援 新版K式発達検査法2001年版 ——発達アセスメントと支援——, Pp1-52. 京都：ナカニシヤ出版

松下裕・生澤雅夫 (2003). 新版K式発達検査 (1983年版) から新版K式発達検査2001へ 京都国際社会福祉センター紀要発達・療育研究2003年別冊, 1-21.

松下裕・岩知道志郎 (2005). 認知の発達と新版K式発達検査 ——認知発達的観点からみた検査項目—— 京都国際社会福祉センター紀要発達・療育研究2005年別冊, 3-10.

MuCune-Nicolich, L. (1981). Toward symbolic functioning: Structure of early pretend games and potential parallels with language. *Child Development, 52*, 785-797.

McCune-Nicolich, L. (1995). A normative study of representational play at the transition to language. *Developmental Psychology, 31*, 198-206.

Miyake, A., Friedman, N.P., Emerson, M, J., Witzki, A, H., Howerter, A., & Wager, T, D. (2000). The unity and diversity of executive functions and their contributions to complex "frontal lobe" tasks: A latent variable analysis. *Cognitive Psychology, 41*, 49-100.

三好一英・服部環 (2010). 海外における知能研究とCHC理論 筑波大学心理学研究, *40*, 1-7.

村井潤一 (1987). 言語と言語障害を考える 村井潤一著作集三部作（Ⅱ）ミネルヴァ書房

村上隆・伊藤大幸・行廣隆次・谷伊織・平島太郎・安永和央 (2013). 発達障害についての最近の動き 特定非営利活動法人アスペ・エルデの会 厚生労働省平成24年度障害者総合福祉推進事業 発達障害児者支援とアセスメントに関するガイドライン, pp.23-26.

長橋聡 (2013). 子どものごっこ遊びにおける意味の生成と遊び空間の構成 発達心理学研究, *24*, 88-98.

Naito, M., & Koyama, K. (2006). The development of false belief understanding in Japanese children: Delay and difference? *International Journal of Behavioral Development, 30*, 290-304.

中瀬惇 (1985). 新版K式発達検査の項目「絵の叙述」——図版の変更と反応内容の分析—— 京都府立大学学術報告・人文, *37*, 139-173.

中瀬惇(1986). 新版K式発達検査の項目「財布探し」──横断的資料による反応の発達的分析── 京都府立大学学術報告・人文, *38*, 108-148.

中瀬惇(1988). 新版K式発達検査の項目「了解」──横断的資料による反応の発達的分析── 京都府立大学学術報告・人文, *40*, 89-153.

中瀬惇(1990). 新版K式発達検査の項目「数の復唱」──(その1)個別法による幼児の検査結果── 京都府立大学学術報告・人文, *42*, 161-197.

中瀬惇・西尾博(2001). 新版K式発達検査反応実例集 京都:ナカニシヤ出版

中鹿彰(2006). 新版K式発達検査2001の課題と有用性 ──精神発達地帯の定義の視点から── 追手門学院大学地域支援心理研究センター「心のクリニック紀要」, *3*, 28-32.

中澤潤・小林直美(1997). 幼児のスクリプト形成過程 ──お弁当スクリプト形成に及ぼす幼稚園生活経験の効果── 千葉大学教育学部紀要, *45*, 119-126.

Nelson, K., & Gruendel, J. (1985). Children's Scripts. In K. Nelson (Ed.), *Event Knowledge*: Lawrence Erlbaum Associates. Pp1-20.

Newcomb, F. (1969). *Missile wounds of the brain*. London: Oxford University Press.

日本テスト学会(2007). テストスタンダード ──日本のテストの将来に向けて── 東京:金子書房

西尾博(2005). 反応実例を中心に 京都国際社会福祉センター紀要発達・療育研究2005年別冊, 35-44.

野村東助(1990). 自閉症児におけるジャンケン技能の発達過程3──正常児の発達2── 特殊教育施設報告(東京学芸大学), *39*, 85-89.

野村東助(1991). 自閉症児におけるジャンケン技能の発達過程4 ──非自閉的遅滞児との比較── 特殊教育施設報告(東京学芸大学), *40*, 73-81.

緒方康介(2006). 子どもの社会生活能力の評価に影響する要因 ──児童相談所での心理検査結果から── 生活科学研究誌, *5*, 1-9.

小田信夫・茂木茂八・池川三郎・杉村健(1981). マッカーシー知能発達検査手引 東京:日本文化科学社

小川絢子・子安増生. (2010). 幼児期における他者の誤信念に基づく行動への理由づけと実行機能の関連性 発達心理学研究, *32*, 232-243.

小川真人・髙橋登(2012). 幼児の役割遊び・ふり遊びと「心の理論」関連 発達心理学研究, *23*, 85-94.

小川嗣夫(1972). 52カテゴリーに属する語の出現頻度表 人文論究(関西学院大学人文学会), *22*, 1-68.

岡本夏木（1991）．子どもの遊び　岡本夏木（著）児童心理　岩波書店，Pp38-44．
岡本春一（1987）．フランシス・ゴールトンの研究　京都：ナカニシヤ出版
大川一郎・中村淳子・野原理恵・芹澤奈菜美（2003）．田中ビネー知能検査Ⅴの開発Ⅰ――1歳級～13歳級の検査問題を中心として――　立命館大学人間科学研究，6, 25-42．
大久保純一郎（2005）．新版K式発達検査2001による成人級被験者の発達評価に関する問題について　京都国際社会福祉センター紀要発達・療育研究，2005年別冊，59-63．
大久保賢一・野口美幸・遠藤佑一・野呂文行（2006）．発達障害児におけるジャンケンの勝敗理解促進を標的として指導プログラムの効果 ――寸劇の観察とその言語化を用いたプロンプト・フェイディング――　心身障害学研究，30, 93-101．
大村政男・高嶋正士・山内茂・橋本泰子（1991）．KIDS 乳幼児発達スケール　公益財団法人発達科学研究教育センター
大島剛・川畑隆・伏見真里子・笹川宏樹・梁川惠・衣斐哲臣・菅野道英・宮井研治・大谷多加志・井口絹世・長嶋宏美（2013）．発達相談と新版K式発達検査 ――子ども・家族支援に役立つ知恵と工夫――　東京：明石書店
太田昌孝（2003）．自閉症圏障害における実行機能．高木隆郎・P. ハウリン・E. フォンボン（編），自閉症と発達障害研究の進歩（2003年版），Vol7（pp. 3-25）．東京：清和書店．
大谷多加志（2015）．新版K式発達検査2001「人物完成」の反応実例の分析 ――描画部位と描画順序の観点から――　京都国際社会福祉センター紀要発達療育研究2015年別冊，37-44．
大谷多加志（2017）．新版K式発達検査をめぐって　その18 ――発達相談3　検査結果と発達特性――　対人援助学マガジン，28, 146-148.
http://www.humanservices.jp/magazine/Vol28/28/pdf（2017年5月取得）
大谷多加志・郷間英世（2008）．現代の子どもの描画発達の遅れについての検討Ⅱ ――新版K式発達検査増補版と2001版における通過率の変化の男女差比較――　京都国際社会福祉センター紀要発達・療育研究，24, 43-54．
大谷多加志・清水里美・郷間英世・大久保純一郎（2013）．新版K式発達検査の乳幼児健診での発達予測性についての研究（1）――新設項目の実施適合性について――　第60回小児保健協会学術集会講演集，117.
大谷多加志・清水里美・清水寛之（2017）．新版K式発達検査における成人級課題の精密化1 ――「図形折紙」課題と「幾何学的推理」課題の検討――　関西心理

学会第129回大会発表論文集，71.

大伴潔・林安紀子・橋本創一・池田一成・菅野敦（2008）．LCスケール　学苑社

Perner, J., Leekam, S. R., & Wimmer, H. (1987). Three-year-olds' difficulty with false belief: The case for a conceptual deficit. *British Journal of Developmental Psychology, 5*, 125-137.

Piaget, J. (1950). *The Psychology of intelligence.* London: Routledge & Kegan Paul.

Piaget, J. (1962). *Play, Dreams and Imitation in Childhood.* Norton.

Piaget, J., & Szeminska, A. (1941). *La genese du nombre chez l'enfant Neuchatel*：Delachaux & Niestale.（遠山啓・銀林浩・滝沢武久（訳）（1962）．数の発達心理学　東京：国土社）

Prifitera, A., Saklofske, D. H., & Weiss, L. G. (2005). *WISC-IV Clinical Use and Interpretation: Scientist-Practitioner Perspectives.*（上野一彦・バーンズ亀山静子（訳）（2012）．WISC-Ⅳの臨床的利用と解釈　東京：日本文化科学社）

Rehder, B., & Hastie, R. (2001). Causal knowledge and categories: The effect of causal beliefs on categorization, introduction, and similarity. *Journal of Experimental Psychology: General, 130*, 323-360.

Roid, G. (2003). *Stanford-Binet Intelligence Scales, Fifth Edition.* Texas: pro-ed.

Rudy, J. W., Keith, J. R., & Georgen, K. (1993). The effect of age on children's learning of problems that require a configural association solution. *Developmental Psychobiology, 26*, 171-184.

Schank, R. C., & Abelson, R. P. (1997). *Script, plans, goals, and understanding: an inquiry to human knowledge structure.* Lawrence Erlbaum Associates.

Schopler, E., Reichler, R. J., & Renner, B. R. (1986). *The Childhood Autism Rating Scale (CARS).* New York: Irvington Publishers.（佐々木正美（監訳）（1989）．CARS小児自閉症評価尺度　東京：岩崎学術出版社）

関清佳・松永あけみ（2005）．幼児の向社会的行動と自己制御機能との関連　群馬大学教育学部紀要人文・社会科学編集，54，221-231.

芦澤清音（2003）．乳幼児の発達支援と乳幼児健診の役割──支援システムの検討──　教育科学研究，20，93-105.

嶋津峯眞・生澤雅夫・中瀬惇（1980）．新版K式発達検査実施手引書　京都：京都国際社会福祉センター

嶋津峯眞・生澤雅夫・中瀬惇（1983）．新版K式発達検査増補版実施手引書　京都：京都国際社会福祉センター

清水益治・豊田弘司（1992）．短縮版マッカーシー知能発達検査（MST）の検討　奈良教育大学教育研究所紀要, 28, 121-129.

新版K式発達検査2001臨床的適用の諸問題編集委員会（2005）．反応実例集　京都国際社会福祉センター紀要　発達・療育研究2005年別冊, 65-106.

Slate, J, R & Chick, D. (1989). WISC-R examiner errors: Cause for concern. *Psychology in Schools, 26*, 78-84.

園田直子（2009）．系列化課題を用いた認知プロセスに関する研究レビュー　久留米大学心理学研究：久留米大学心理学科・大学院心理学研究科紀要, 8, 117-139.

総務省（2016）．平成27年通信利用動向調査
http://www.soumu.go.jp/johotsusintokei/statistics/data/160722_1.pdf　（2017年3月取得）

Sparrow, S. S., Cicchetti, D. V., & Balla, D. A. (2005). *Vineland adaptive behavior scales, second edition: Suvery forms manual.* Minneapolis, MN: Pearson.（辻井正次・村上隆（監修）黒田美保・伊藤大幸・萩原祐・染木史緒（監訳）（2014）．Vineland-II適応行動尺度　東京：日本文化科学社）

Stern, Y., Richards, M., Sano, M., Mayeux, R. (1993). Comparison of cognitive changes in patients with Alzheimer's and Parkinson's disease. *Archives of Neurology, 50*, 1040-1045.

杉谷修一（2012）．じゃんけん遊びにおける三すくみとシンボル　西南女学院大学紀要, 16, 51-60.

鈴木眞雄・永田国豊（1992）．WISC-R 単語問題の採点誤差　第35回日本教育心理学会総会発表論文集, 59.

鈴木治太郎（1956）．実際的・個別的智能測定法　東洋図書

田中教育研究所（編）（2003）．田中ビネー知能検査V理論マニュアル　東京：田研出版

Terman, L, M. (1916). *The measurement of intelligence: An explanation of and a complete guide for use of the Stanford Revision and Extension of the Binet-Simon Intelligence Scale.* Boston: Houghton Mifflin.

Terman, L, M., & Merrill, M, A. (1937). *Measuring intelligence; A guide to the administration of the new revise Stanford-Binet tests of intelligence.* Boston: Houghton Mifflin.

Terman, L. M., & Merrill, M. A. (1960). *Stanford-Binet Intelligence Scale: Manual for the Third Revision Form L-M.* Boston: Houghton Mifflin.

Thorndike, R. L., Hagen, E. P., & Sattler, J. M. (1986). *Stanford-Binet Intelligence Scale: Fourth Edition*. Itasca, IL: Riverside Publishing.

Topal, J., Gergely, G., Miklosi, A., Erdohegyi, A., & Csibra, G. (2008). Infants' perseverative search errors are induced by pragmatic misinterpretation. *Science, 321,* 1831-1834.

東山薫（2007）．"心の理論"の多面性の発達 ──Wallman & Liu 尺度と誤答の分析── 教育心理学研究, 55, 359-369.

上野一彦・海津亜希子・服部美佳子（編著）（2005）．軽度発達障害の心理アセスメント WISC-Ⅲの上手な利用と事例 東京：日本文化科学社

氏原寛・成田善弘（編）（2000）．テストバッテリーについて 臨床心理学2 診断と見立て──心理アセスメント──, Pp121-132. 東京：培風館

Uzgiris, I, C., & Hunt, J, McV. (1975). *Assessment in infancy: Ordinal scales of psychological development.* University of Illinois Press.（白瀧貞昭・黒田健次（訳）（1983）．乳幼児の精神発達と評価 東京：日本文化科学社）

Wang, Z., Meltzoff, A. N., & Williamson, R. A. (2015). Social learning promotes understanding of physical world: Preschool children's imitation of weight sorting. *Journal of Experimental Psychology, 136,* 82-91.

綿巻徹・小椋たみ子（2004）．日本語マッカーサー乳幼児言語発達質問紙「語と文法」版手引書 京都：京都国際社会福祉センター

Wellman, H. M., & Liu, D. (2004). Scaling of theory of mind tasks. *Child Development, 75,* 523-541.

Wellman, H. M., Gross, David., & Watson, J. (2001). Meta-analysis of theory of mind development: The truth about false belief. *Child Development, 72,* 655-684.

Wolf, T. H. (1973). *Alfred Binet.* Chicago: The university of Chicago Press（T. H. ウルフ宇津木保（訳）（1979）．ビネの生涯──知能検査のはじまり── 東京：誠信書房

吉村拓馬・大西紀子・恵良美津子・小橋川晶子・広瀬宏之・大六一志（2016）．全国の児童相談所における療育手帳判定に関する調査 日本LD学会第25回大会発表抄録集 https://confit.atlas.jp/guide/event/jald25th/subject/PF-19-1/advanced（2017年3月取得）

Zalla, T., Labruyère, N., Clément, A., & Georgieff, N. (2010). Predicting ensuing actions in children and adolescents with autism spectrum disorders. *Experimental Brain Research, 201,* 809-819.

Zalla, T., Labruyère, N., & Georgieff, N. (2006). Goal-directed action representation in autism. *Journal of Autism and Developmental Disorders, 36*, 527-540.

補　記

　本研究は、「新版Ｋ式発達検査の精密化に関する発達心理学的研究」というテーマで、神戸学院大学大学院人間文化学研究科に在籍している期間にまとめたものに加筆、修正を行ったものである。すでに公表している論文は以下の通りである。

第2章　発達評価に関する研究
　「新版Ｋ式発達検査の改訂版の作成における課題と視点　―発達アセスメントへの社会的ニーズを踏まえて―」（京都国際社会福祉センター紀要発達・療育研究，33，3-13．単著）

第4章　第1節　「語の定義」の下位項目の適切性（研究1）
　「幼児期の発達評価における語定義課題の適切性　―新版Ｋ式発達検査の「語の定義」の下位項目の検討―」（人間文化H&S（神戸学院大学人文学会），42，35-42；清水里美氏・郷間英世氏・原口喜充氏・清水寛之氏と共著）

第4章　第2節　「名詞列挙」の下位項目の適切性（研究2）
　「新版Ｋ式発達検査「名詞列挙」の下位項目の適切性」（日本発達障害学会第51回研究大会発表論文集，p78；清水里美氏・清水寛之氏との共著）（研究2-1）
　「新版Ｋ式発達検査の名詞列挙の下位項目の適切性」（京都国際社会福祉センター紀要発達・療育研究，33，15-26；清水里美氏・清水寛之氏と共著）（研究2-2）

第5章　第1節　発達評価におけるふり遊び課題および物の手渡し課題の有用性（研究3）

「新版K式発達検査の乳幼児健診での発達予測性についての検討（1）～新設項目の実施適合性について～」（第60回小児保健協会学術集会講演集, p117；清水里美氏・郷間英世氏・大久保純一郎氏と共著）（研究3-1）

「乳幼児健診における「ふり遊び」課題の利用可能性 ―発達スクリーニングおよび発達検査における活用―」（人間文化 H&S（神戸学院大学人文学会）, 39, 1-12；清水里美氏・郷間英世氏・大久保純一郎氏・清水寛之氏と共著）（研究3-2）

第5章　第2節　発達評価におけるじゃんけん課題の有用性（研究4）
　「発達検査項目としての「じゃんけん」課題の適切性」（日本心理学会第79回大会発表論文集, p990；清水里美氏・郷間英世氏・大久保純一郎氏と共著）
　「幼児期におけるじゃんけんの勝敗判断に関する発達段階の評価」（発達心理学研究, 30, 142-152；清水里美氏・郷間英世氏・大久保純一郎氏・清水寛之氏と共著）

第5章　第3節　発達評価における絵並べ課題の有用性（研究5）
　「発達評価における絵並べ課題の有用性」（発達心理学研究, 28, 12-23；清水里美氏・郷間英世氏・大久保純一郎氏・清水寛之氏と共著）

　なお、共著論文に関しては、博士論文をまとめるにあたり、共著者より記載することについて承諾を得ました。ここに記して謝意を表します。

謝　　辞

　本書は2017年12月に神戸学院大学大学院人間文化学研究科に提出した学位論文をまとめたものです（学位（人間文化学）人博甲第34号）。神戸学院大学人文学会より出版助成を頂き、ここに出版の運びとなりました。深謝いたします。

　本書では新版K式発達検査の改訂版を作成するため、検査内容の精密化を行うことを目的として行ってきた五つの研究についてまとめています。今回の改訂は、新版K式発達検査の開発やその後の研究・改訂の中心におられた生澤雅夫先生が2003年5月に亡くなられてから、はじめて迎えた改訂作業になります。生澤先生がこれまで築いてこられた新版K式発達検査の基盤や、検査に通底する理念、思想を損なうことなく、よりよい形で改訂を行うことができるよう、力を尽くして取り組んできました。7年計画で取り組んできた改訂作業もようやく最終版に差し掛かっており、予定通り2020年中の発行にこぎつけられそうです。本当に多くの方々のご厚意とご助力に支えられて、ここまでたどり着くことができました。ひとりひとりのお名前を挙げることは叶いませんが、ここに記して、感謝の意を表したいと思います。

　まず、本研究は、さまざまな課題に取り組んでくれた、延べ2000名を超える子どもたちの存在なくしてまとめることはできませんでした。予備研究の段階から、筆者らが用意した課題の適切性について、最も正確な判断基準を与えてくれたのは、子どもたちが課題に対して表現してくれるさまざまな「反応」でした。生澤先生は「K式そのものが、大勢の子どもたちから学んだことの集大成」と述べておられましたが、その一端を実感させて頂いたように思います。また、本研究の主旨をご理解頂き、本研究へのお子様の協力についてご承諾くださった保護者の皆さまにも、深く御礼申し上げます。

また、保育園や幼稚園での研究の実施にあたっては、園長先生をはじめ、各園の先生方に多大なご協力を頂きました。仕事の手間を増やすばかりであろう筆者を快く迎え入れ、研究に適した空きスペースを確保して下さり、園児さんを部屋まで引率して下さいました。先生方のご助力のおかげで、研究を全うすることができました。

　研究を進めるにあたっては、指導教員である清水寛之先生に、大変丁寧で細やかなご指導を頂きました。私自身は2003年に博士前期課程を修了してから2015年に博士後期課程に入学するまでの間、研究活動からすっかり遠ざかっていました。研究計画の立案や結果の分析、論文執筆について、基本中の基本から指導し直す必要がある、大変に手のかかる学生であったと思いますが、ご指導のおかげで何とか研究活動、論文執筆を進めていくことができました。どのような研究テーマに対しても、常に厳格に、真摯に、しかし知的好奇心を全面に出しながら向き合っておられる姿勢から、研究の面白さを改めて教えて頂いたと思っています。入学当初、学位論文を書き上げられる未来など思い描くこともできずにいましたが、「最後には"これしかなかった"というところに辿り着くんだよ」という先生の言葉に励まされながら、博士後期課程の3年間を全うすることができました。言葉にして言い尽くすこともできませんが、心より感謝申し上げます。

　新版K式発達検査研究会の先生方には、研究会活動と関連する貴重なデータの使用を許可頂き、研究の方針、手法、結果の分析等について、さまざまなご助言を頂きました。これまでの検査の歴史、改訂の経過をすべて熟知しておられる先生方からご助言頂けるという、本当に恵まれた環境であったと思っています。

　また、社会人でありながら博士後期課程で勉強したいという希望を叶えて下さり、研究指導の度に職場を空けることを許し、支えてくださった京都国際社会福祉センターの所久雄所長およびセンタースタッフの皆さまにも、心より御礼申し上げます。

謝　辞

　他にも、各研究のデータ収集に関わってくださった方々、久しぶりで不慣れな学生生活を支えてくださった神戸学院大学大学院人間文化学研究科の皆さんにも、深く御礼申し上げます。ありがとうございます。

　最後に、最も身近で子どものそだち、発達の面白さを教えてくれた息子と、大学院に入り直して改訂のための学び直しをするという私の選択を許してくれた妻に、心から感謝したいと思います。

　本研究の成果を活かしながら、新版K式発達検査の改訂版をよりよいものとして世に送り出せるように自分の役割を果たすことが、これまでの数えきれない方々からのご厚意とご助力に報いる道であろうと思います。感謝を忘れることなく、与えられた仕事に対し、精一杯力を尽くしていこうと思います。本当にありがとうございました。

2019年10月

大谷　多加志

著者略歴

大谷　多加志（おおたに　たかし）

1978年8月	兵庫県に生まれる
2001年3月	神戸学院大学人文学部人間文化学科卒業
2003年3月	神戸学院大学大学院人間文化学研究科博士前期課程修了
2003年4月	社会福祉法人京都国際社会福祉協力会京都国際社会福祉センター発達研究所研究員
	（現在に至る；児童発達支援事業所のぞみ親子相談室相談員を兼務）
2018年3月	神戸学院大学大学院人間文化学研究科博士後期課程修了
	博士（人間文化学）

専攻　発達心理学

主な著書・論文等

『発達相談と新版K式発達検査―子ども・家族支援に役立つ知恵と工夫―』（共著，明石書店，2013年）

「発達評価における絵並べ課題の有用性」発達心理学研究，28，12-23（共著，2017年）

「新版K式発達検査の改訂版作成における課題と視点―発達アセスメントへの社会的ニーズを踏まえて―」京都国際社会福祉センター紀要発達・療育研究，33，3-13（単著，2017年）

「幼児におけるじゃんけんの勝敗判断に関する発達段階の評価」発達心理学研究，30，142-152（共著，2019年）

新版K式発達検査の精密化に関する発達心理学的研究

2019年11月30日　初版第1刷発行

著　者　　大　谷　多加志
発行者　　風　間　敬　子

発行所　　株式会社　風　間　書　房
〒101-0051　東京都千代田区神田神保町1-34
電話 03(3291)5729　FAX 03(3291)5757
振替 00110-5-1853

印刷　太平印刷社　　製本　井上製本所

©2019 Takashi Otani　　　　　　　NDC分類：143
ISBN978-4-7599-2302-5　　Printed in Japan
JCOPY 〈(社)出版者著作権管理機構　委託出版物〉

本書の無断複製は、著作権法上での例外を除き禁じられています。複製される場合はそのつど事前に(社)出版者著作権管理機構（電話 03-5244-5088, FAX 03-5244-5089, e-mail: info@jcopy.or.jp）の許諾を得てください。